JN445070

聖 經
성 경

筆 寫
필 사

第 九 卷 ㊤
제 구 권

以西結書 17-48장
이서결서

但以理書 01-08장
단이리서

聖經筆寫協會 著: 柳賢授
성경필사협회 저 류현수

서 문 (序文)

필사와 필기의 개념을 먼저 생각을 하려고 합니다.

필사는 말 그대로 글자 위에 글씨를 따라 그리는 형태를 말하고 필기는 글을 받아 적거나 글을 보고 백지면 위에 글씨를 쓰는 형태를 말합니다.
이 책은 제목처럼 필사입니다.

처음에는 모방을 하는 듯 하지만 시간이 지나면서 인내심도 깊어지고 악필이라고 하는 난필을 교정하고 오랜 시간이 지나면 자신도 모르는 사이에 자신만의 필체를 만들어가며 생활에서 마음 속 깊이 자부심이 심어지고 인내심과 정신력이 깊이 향상되어 가고 있는 것을 깨닫게 될 것입니다.

혼자서 필사를 하려고 하다가 같이 필사를 해야겠다는 생각을 하고 준비를 했습니다.

도서출판 보혜 드림

九巻㊤目次
구 권 목 차

以西結書 第十七章
이 서 결 서 제 십 칠 장

겔 17:1

耶和華諭我曰、
야 화 화 유 아 왈

겔 17:2

人子歟、
인 자 여

其設謎語、
기 설 미 어

作譬詞、
작 비 사

謂以色列家曰、
위 이 색 열 가 왈

겔 17:3

主耶和華云、
주 야 화 화 운

有一巨鷹、
유 일 거 응

翼大、
익 대

翎長、
령 장

毛豐、
모 풍

文彩斑斕、
문 채 반 란

至利巴嫩、
지 리 파 눈

取香柏之高枝、
취 향 백 지 고 지

겔 17:4

折其杪之柔條、
절 기 초 지 유 조

移於貿易之地、
이 어 무 역 지 지

置於商賈之邑、
치 어 상 가 지 읍

겔 17:5

亦取斯土之種、
역 취 사 토 지 종

植於沃壤、
식 어 옥 양

在多水之濱、
재 다 수 지 빈

栽之若楊柳、
재 지 약 양 류

겔 17:6

日漸長而成樹、
일 점 장 이 성 수

低榦蔓延、
저 간 만 연

枝向乎鷹、
지 향 호 응

根盤於下、
근 반 어 하

發枝出條、
발 지 출 조

겔 17:7

又有巨鷹、
우 유 거 응

翼大毛豐、
익 대 모 풍

厥樹由所種之畦、
궐 수 유 소 종 지 휴

發根長枝、
발 근 장 지

向乎此鷹、
향 호 차 응

望其灌漑、
망 기 관 개

겔 17:8

樹本植於沃壤、
수 본 식 어 옥 양

在多水之濱、
재 다 수 지 빈

冀能生枝結實、
기 능 생 지 결 실

成爲佳樹、
성 위 가 수

겔 17:9

爾當曰、
이 당 왈

主耶和華云、
주 야 화 화 운

厥樹豈得繁盛乎、
궐 수 기 득 번 성 호

彼鷹豈不拔其根、
피 응 기 불 발 기 근

摘其果、
적 기 과

俾其憔悴、
비 기 초 췌

嫩葉枯槁乎、
눈 엽 고 고 호

毋庸强臂衆民、
무 용 강 비 중 민

拔其根株、
발 기 근 주

겔 17:10

雖種植之、
수 종 식 지

詎得繁盛、
거 득 번 성

豈不於所植之畦、
기 불 어 소 식 지 휴

爲東風所搖撼、
위 동 풍 소 요 감

而盡枯槁乎、○
이 진 고 고 호

겔 17:11

耶和華諭我曰、
야 화 화 유 아 왈

겔 17:12

謂悖逆之家云、
위 패 역 지 가 운

斯事之旨、
사 사 지 지

爾不知之乎、
이 불 지 지 호

宜告之曰、
의 고 지 왈

巴 比 倫 王 至
파 비 륜 왕 지

耶 路 撒 冷、
야 로 살 랭

虜 其 君 王 牧 伯、
로 기 군 왕 목 백

攜 至 巴 比 倫、
휴 지 파 비 륜

겔 17:13

揀 其 王 子、
간 기 왕 자

與 之 立 約、
여 지 립 약

使 之 發 誓、
사 지 발 서

遷 其 境 內 强 者、
천 기 경 내 강 자

겔 17:14

使 國 爲 卑、
사 국 위 비

不 復 振 興、
불 복 진 흥

但 守 盟 約、
단 수 맹 약

猶可保存、
유 가 보 존

겔 17:15

惟彼叛巴比倫王、
유 피 반 파 비 륜 왕

遣使至埃及、
견 사 지 애 급

慾其給以馬
욕 기 급 이 마

匹軍旅、
필 군 려

如是能亨通乎、
여 시 능 형 통 호

行是事者、
행 시 사 자

得免難乎、
득 면 난 호

爽約能遠害乎、
상 약 능 원 해 호

겔 17:16

彼既藐其誓、
피 기 막 기 서

爽其約、
상 기 약

主耶和華曰、
주 야 화 화 왈

我指己生而誓、
아 지 기 생 이 서

彼必於立之
피 필 어 립 지

爲王者之都、
위 왕 자 지 도

與之同沒
여 지 동 몰

於巴比倫、
어 파 비 륜

겔17:17

其敵築壘建營、
기 적 축 루 건 영

欲滅邑衆、
욕 멸 읍 중

法老雖率
법 로 수 솔

軍旅羣衆、
군 려 군 중

亦不能助其戰、
역 불 능 조 기 전

겔17:18

蓋王子旣
개 왕 자 기

握手立約、
악 수 립 약

乃藐誓爽約、
내 막 서 상 약

必不能免難、
필 불 능 면 난

겔 17:19

主耶和華曰、
주 야 화 화 왈

我指己生而誓、
아 지 기 생 이 시

彼藐我誓、
피 막 아 서

爽我約、
상 아 약

我必以此罪
아 필 이 차 죄

歸於其首、
귀 어 기 수

겔 17:20

必張我網於其上、
필 장 아 망 어 기 상

陷之於我獲、
함 지 어 아 획

曳至巴比倫、
예 지 파 비 륜

在彼鞫其逆
재 피 국 기 역

我之罪、
아 지 죄

겔 17:21

其軍中之遁者、
기 군 중 지 둔 자

必隕於刃、
필 운 어 인

遺民散於四方、
유 민 산 어 사 방

爾則知乃我耶和華所
이 칙 지 내 아 야 화 화 소

言也、○
언 야

겔 17:22

主耶和華曰、
주 야 화 화 왈

我必取香柏之
아 필 취 향 백 지

高枝而植之、
고 지 이 식 지

自高枝中、
자 고 지 중

折其柔條、
절 기 유 조

植於高峻之山、
식 어 고 준 지 산

겔 17:23

卽以色列高
즉 이 색 열 고

地之山、
지 지 산

俾生枝結實、
비 생 시 결 실

爲香柏之佳者、
위 향 백 지 가 자

羽族咸止其下、
우 족 함 지 기 하

在其枝之蔭中、
재 기 지 지 음 중

겔 17:24

田間衆木、
전 간 중 목

則知我耶和華
칙 지 아 야 화 화

使高木爲低、
사 고 목 위 저

低木爲高、
저 목 위 고

青木爲枯、
청 목 위 고

枯木復茂、
고 목 복 무

我耶和華言之、
아 야 화 화 언 지

亦成之也、
역 성 지 야

以西結書 第十八章
이 서 결 서 제 십 팔 장

겔 18:1

耶和華諭我曰、
야 화 화 유 아 왈

겔 18:2

爾論以色列地、
이 론 이 색 열 지

奚用諺云、
해 용 언 운

父食酸葡萄、
부 식 산 포 도

而子齒軟、
이 자 치 연

겔 18:3

主耶和華曰、
주 야 화 화 왈

我指己生而誓、
아 지 기 생 이 서

爾在以色列中、
이 재 이 색 열 중

勿復用此諺、
물 복 용 자 언

겔 18:4

諸靈屬我、
제 령 속 아

父之靈屬我、
부 지 령 속 아

子之靈亦然、
자 지 령 역 연

惟犯罪者必死、
유 범 죄 자 필 사

겔 18:5

人若爲義、
인 약 위 의

循法合理、
순 법 합 리

겔 18:6

未食於山、
미 식 어 산

未瞻仰以色列家之偶像、
미 첨 앙 이 색 열 가 지 우 상

未汚其鄰之妻、
미 오 기 린 지 처

未近天癸之婦、
미 근 천 계 지 부

겔 18:7

未欺凌人、
미 기 릉 인

反負者之質、
반 부 자 지 질

不奪人之物、
불 탈 인 지 물

飢者供以食、
기 자 공 이 식

裸者被以衣、
라 자 피 이 의

겔 18:8

貸金不取利息、
대 금 불 취 리 식

禁手作惡、
금 수 작 악

以誠實鞫兩造、
이 성 실 국 량 조

겔 18:9

循我典章、
순 아 전 장

守我律例、
수 아 률 례

行事誠實、
행 사 성 실

斯乃義人、
사 내 의 인

必得生存、
필 득 생 존

主耶和華言之矣、
주 야 화 화 언 지 의

겔 18:10

設其人生子爲盜、
설 기 인 생 자 위 도

而流人血、
이 류 인 혈

行上所言之惡、
행 상 소 언 지 악

겔 18:11

不行上所言之善、
불 행 상 소 언 지 선

食於山、
식 어 산

汚其鄰之妻、
오 기 린 지 처

겔 18:12

欺凌貧乏、
기 릉 빈 핍

奪人之物、
탈 인 지 물

不反人之質、
불 반 인 지 질

瞻仰偶像、
첨 앙 우 상

行可惡之事、
행 가 악 지 사

겔 18:13

貸金而取利息、
대 금 이 취 리 식

斯人豈得生存乎、
사 인 기 득 생 존 호

必不得生存也、
필 불 득 생 존 야

旣行此可惡之事、
기 행 차 가 악 지 사

必至死亡、
필 지 사 망

流血之罪、
류 혈 지 죄

歸於其身、
귀 어 기 신

겔 18:14

設斯人生子、
설 사 인 생 사

見父所犯諸罪、
견 부 소 범 제 죄

則懼、
칙 구

而不效之、
이 불 효 지

겔 18:15

不食於山、
불 식 어 산

不瞻仰以色列家之偶
불 첨 앙 이 색 열 가 지 우

像、
상

不汚其鄰之妻、
불오기린지처

겔 18:16

不欺凌人、
불기릉인

不受人之質、
불수인지질

不奪人之物、
불탈인지물

飢者供以食、
기자공이식

裸者被以衣、
라자피이의

겔 18:17

禁手不虐貧乏、
금수불학빈핍

不取利息、
불취리식

守我律例、
수아률례

循我典章、
순아전장

斯人不因父罪而死、
사 인 불 인 부 죄 이 사

必得生存、
필 득 생 존

겔 18:18

惟其父行殘暴、
유 기 부 행 잔 폭

奪同宗、
탈 동 종

作不善於民間、
작 불 선 어 민 간

必死於其罪、
필 사 어 기 죄

겔 18:19

爾曹猶曰、
이 조 유 왈

子不負父罪、
자 불 부 부 죄

曷故子若循法合理、
갈 고 자 약 순 법 합 리

守我典章、
수 아 전 장

而遵行之、
이 준 행 지

必得生存、
필 득 생 존

겔 18:20

犯罪者必死、
범 죄 자 필 사

子不負父罪、
자 불 부 부 죄

父不負子罪、
부 불 부 자 죄

義者之義、
의 자 지 의

必歸於己、
필 귀 어 기

惡者之惡、
악 자 지 악

亦歸於己、
역 귀 어 기

겔 18:21

如惡人悛改所犯之罪、
여 악 인 전 개 소 범 지 죄

守我典章、
수 아 전 장

循法合理、
순 법 합 리

必得生存、
필 득 생 존

不至死亡、
불 지 사 망

겔 18:22

其所犯之罪、
기 소 범 지 죄

不復見憶、
불 복 견 억

必因所行之義、
필 인 소 행 지 의

而得生存、
이 득 생 존

겔 18:23

主耶和華曰、
주 야 화 화 왈

惡人死亡、
악 인 사 망

豈我所悅、
기 아 소 열

我寧不悅其轉離惡
아 녕 불 열 기 전 리 악

途、
도

而得生存乎、
이 득 생 존 호

겔 18:24

如義人轉離其義而行
여 의 인 전 리 기 의 이 행

惡、
악

效惡人行可惡之事、
효 악 인 행 가 악 지 사

豈得生存乎、
기 득 생 존 호

其所行之義、
기 소 행 지 의

不復見憶、
불 복 견 억

必死於其所蹈之愆、
필 사 어 기 소 도 지 건

所犯之罪、
소 범 지 죄

겔 18:25

惟爾曹云、
유 이 조 운

主道不公、
주 도 불 공

以色列家其聽之、
이 색 열 가 기 청 지

我之道、
아 지 도

豈非公乎、
기 비 공 호

爾之道、
이 지 도

豈非不公乎、
기 비 불 공 호

겔 18:26

義人轉離其義而行惡、
의 인 전 리 기 의 이 행 악

因而致死、
인 이 치 사

是因所行之惡而死、
시 인 소 행 지 악 이 사

겔 18:27

如惡人轉離所行之
여 악 인 전 리 소 행 지

惡、
악

循法合理、
순 법 합 리

必保其生、
필 보 기 생

겔 18:28

因其思維、
인 기 사 유

悛改所犯之罪、
전 개 소 범 지 죄

必得生存、
필 득 생 존

不至死亡、
불 지 사 망

겔 18:29

以色列家猶云、
이 색 열 가 유 운

主道不公、
주 도 불 공

以色列家歟、
이 색 열 가 여

我之道、
아 지 도

豈非公乎、
기 비 공 호

爾之道、
이 지 도

豈非不公乎、
기 비 불 공 호

겔 18:30

故主耶和華曰、
고 주 야 화 화 왈

以色列家歟、
이 색 열 가 여

我必依各人所行而鞫之、
아 필 의 각 인 소 행 이 국 지

爾其回轉、
이 기 회 전

離棄諸罪、
리 기 제 죄

免愆尤之窒礙、
면 건 우 지 질 애

겔 18:31

以色列家歟、
이 색 열 가 여

當棄所犯之罪、
당 기 소 범 지 죄

新爾心神、
신 이 심 신

奚自取死、
해 자 취 사

겔 18:32

主耶和華曰、
주 야 화 화 왈

人之死亡、
인 지 사 망

我所不悅、
아 소 불 열

故當回轉、
고 당 회 전

而得生存、
이 득 생 존

以西結書 第十九章
이 서 결 서 제 십 구 장

겔 19:1

爾當爲以色列牧伯作
이 당 위 이 색 열 목 백 작

哀歌、
애 가

겔 19:2

曰、
왈

爾母爲何、
이 모 위 하

乃牝獅也、
내 빈 사 야

蹲於衆獅間、
준 어 중 사 간

撫育其子於稚獅中、
무 육 기 자 어 치 사 중

겔 19:3

養其一子、
양 기 일 자

成爲壯獅、
성 위 장 사

學攫物而噬人、
학 확 물 이 서 인

겔 19:4

列國聞之、
열 국 문 지

陷之以阱、
함 지 이 정

以鉤曳至埃及、
이 구 예 지 애 급

겔 19:5

牝獅久俟、
빈 사 구 사

知失所望、
지 실 소 망

復取一子、
복 취 일 자

養成壯獅、
양 성 장 사

겔 19:6

往來於衆獅間、
왕 래 어 중 사 간

爲獅之雄、
위 사 지 웅

學攫物而噬人、
학 확 물 이 서 인

겔 19:7

毁其宮室、
훼 기 궁 실

墟其城邑、
허 기 성 읍

斯地及其所有、
사 지 급 기 소 유

因其咆哮而成荒寂、
인 기 포 효 이 성 황 적

겔 19:8

四周列國、
사 주 열 국

咸自各州攻之、
함 자 각 주 공 지

張網其上、
장 망 기 상

陷之於阱、
함 지 어 정

겔 19:9

拘以鉤、
구 이 구

置於籠、
치 어 롱

攜至巴比倫王、
휴 지 파 비 륜 왕

曳入保障、
예 입 보 장

使其吼聲、
사 기 후 성

不復聞於以色列山、
불 복 문 어 이 색 열 산

○

겔 19:10

爾母脩長若葡萄樹、
이 모 수 장 약 포 도 수

植於水濱、
식 어 수 빈

因其水多、
인 기 수 다

枝茂實繁、
지 무 실 번

겔 19:11

其枝堅强、
기 지 견 강

堪作長者之杖、
감 작 장 자 지 장

其幹干霄、
기 간 간 소

其葉茂盛、
기 엽 무 성

高枝繁多、
고 지 번 다

遠處可見、
원 처 가 견

겔 19:12

因怒見拔、
인 노 견 발

委之於地、
위 지 어 지

東風暵其果、
동 풍 한 기 과

强枝折而枯、
강 지 절 이 고

爲火所焚、
위 화 소 분

겔 19:13

今植於曠野旱乾之
금 식 어 광 야 한 건 지

地、
지

겔 19:14

有火出於其枝、
유 화 출 어 기 지

焚燬其果、
분 훼 기 과

致無堅强之幹、
치 무 견 강 지 간

可爲長者之杖、
가 위 장 자 지 장

此乃哀歌、
차 내 애 가

後必以爲哀歌、
후 필 이 위 애 가

以西結書 第二十章
이 서 결 서 제 이 십 장

겔 20:1
七年五月十日、
칠 년 오 월 십 일
有以色列長老數人詣
유 이 색 열 장 로 수 인 예
我、
아
以諮諏耶和華、
이 자 추 야 화 화
坐於我前、
좌 어 아 전

겔 20:2
耶和華諭我曰、
야 화 화 유 아 왈

겔 20:3
人子歟、
인 자 여
謂以色列長老云、
위 이 색 열 장 로 운
主耶和華曰、
주 야 화 화 왈

爾來諮諏於我乎、
이 래 자 추 어 아 호

主耶和華曰、
주 야 화 화 왈

我指己生而誓、
아 지 기 생 이 서

不聽爾之諮諏、
불 청 이 지 자 추

겔 20:4

人子歟、
인 자 여

爾欲鞫之乎、
이 욕 국 지 호

鞫之、
국 지

使知厥祖可惡之事、
사 지 궐 조 가 악 지 사

겔 20:5

又告之曰、
우 고 지 왈

主耶和華云、
주 야 화 화 운

我選以色列之日、
아 선 이 색 열 지 일

誓於雅各家之裔、
서 어 아 각 가 지 예

見於埃及地、
견 어 애 급 지

曰、
왈

我乃爾之祆上帝耶和
아 내 이 지 천 상 제 야 화

華、
화

겔 20:6

當日我與之誓、
당 일 아 여 지 서

必導之出埃及、
필 도 지 출 애 급

入我所選流乳與蜜之
입 아 소 선 류 유 여 밀 지

地、
지

卽諸地之美者、
즉 제 지 지 미 자

겔 20:7

我諭之曰、
아 유 지 왈

各棄爾目所慕可惡之
각 기 이 목 소 모 가 악 지

物、
물

勿以埃及之偶像、
물 이 애 급 지 우 상

自染汚衊、
자 염 오 멸

我乃耶和華、
아 내 야 화 화

爾之祆上帝也、
이 지 천 상 제 야

겔 20:8

惟彼違逆、
유 피 위 역

而不聽我、
이 불 청 아

不棄所慕可惡之物、
불 기 소 모 가 악 지 물

不離埃及之偶像、
불 리 애 급 지 우 상

故彼尚在埃及、
고 피 상 재 애 급

我曰、
아 왈

必傾我怒、
필 경 아 노

盡洩我忿於其身、
진 설 아 분 어 기 신

겔 20:9

然爲我名之故、
연 위 아 명 지 고

別有施行、
별 유 시 행

免我名見辱於其所處
면 아 명 견 욕 어 기 소 처

之國、
지 국

因我顯見、
인 아 현 견

導我民出埃及、
도 아 민 출 애 급

彼目覩之也、
피 목 도 지 야

겔 20:10

旣出埃及、
기 출 애 급

導至曠野、
도 지 광 야

겔 20:11

以我典章賜之、
이 아 전 장 사 지

以我律例教之、
이 아 률 례 교 지

人若遵行、
인 약 준 행

則緣之得生、
칙 연 지 득 생

겔 20:12

亦以我安息日賜之、
역 이 아 안 식 일 사 지

在我與彼之間爲徵、
재 아 여 피 시 간 위 징

俾知我耶和華使之成聖、
비 지 아 야 화 회 사 지 성 성

겔 20:13

惟以色列家在曠野、
유 이 색 열 가 재 광 야

悖逆乎我、
패 역 호 아

不循我典章、
불 순 아 전 장

棄我律例、
기 아 률 례

人若遵行、
인 약 준 행

則緣之得生、
칙 연 지 득 생

且犯我安息日特甚、
차 범 아 안 식 일 특 심

我則曰、
아 칙 왈

必在曠野、
필 재 광 야

傾我怒以滅之、
경 아 노 이 멸 지

겔20:14

然爲我名之故、
연 위 아 명 지 고

別有施行、
별 유 시 행

免我名見辱於列國、
면 아 명 견 욕 어 열 국

以其見我導之出也、
이 기 견 아 도 지 출 야

겔20:15

我復在野發誓、
아 복 재 야 발 서

必不導之入我所賜流
필 불 도 지 입 아 소 사 유

乳與蜜之地、
유 여 밀 지 지

卽諸地之美者、
즉 제 지 지 미 자

겔 20:16

蓋彼棄我律例、
개 피 기 아 률 례

違我典章、
위 아 전 장

犯我安息日、
범 아 안 식 일

狥欲於偶像、
순 욕 어 우 상

겔 20:17

然我目猶顧惜之、
연 아 목 유 고 석 지

不加翦滅、
불 가 전 멸

不盡絕之於野、
불 진 절 지 어 야

겔 20:18

我在曠野、
아 재 광 야

諭其子女曰、
유 기 자 녀 왈

勿循爾父之典章、
물 순 이 부 지 전 장

勿從其律例、
물 종 기 률 례

勿以其偶像自染汚
물 이 기 우 상 자 염 오

衊、
멸

겔20:19

我乃耶和華、
아 내 야 화 화

爾之祆上帝、
이 지 천 상 제

當循我典章、
당 순 아 전 장

遵我律例而行、
준 아 률 례 이 행

겔20:20

以我安息日爲聖、
이 아 안 식 일 위 성

爲我與爾間之徵、
위 아 여 이 간 지 징

俾知我乃耶和華、
비 지 아 내 야 화 화

爾之祆上帝、
이 지 천 상 제

겔 20:21

惟其子女背我、
유 기 자 녀 배 아

不循我典章、
불 순 아 전 장

不從我律例、
불 종 아 률 례

人若遵行、
인 약 준 행

則緣之得生、
칙 연 지 득 생

且犯我安息日、
차 범 아 안 식 일

我則曰、
아 칙 왈

必在曠野傾我怒、
필 재 광 야 경 아 노

盡洩我忿於其身、
진 설 아 분 어 기 신

겔20:22

然爲我名之故、
연 위 아 명 지 고

別有施行、
별 유 시 행

免我名見辱於列國、
면 아 명 견 욕 어 열 국

以其見我導之出也、
이 기 견 아 도 지 출 야

겔20:23

且我在野發誓、
차 아 재 야 발 서

必散之於列國、
필 산 지 어 열 국

分之於異邦、
분 지 어 이 방

겔20:24

因其不遵我律例、
인 기 불 준 아 률 례

違棄我典章、
위 기 아 전 장

犯我安息日、
범 아 안 식 일

注目厥父之偶像、
주 목 궐 부 지 우 상

겔20:25

故我聽其從不善之典
고 아 청 기 종 불 선 지 전

章、
장

不能保生之律例、
불 능 보 생 지 률 례

겔20:26

於其獻祭、
어 기 헌 제

使初胎男子經火、
사 초 태 남 자 경 화

任其自染污衊、
임 기 자 염 오 멸

致見殄滅、
치 견 진 멸

俾知我乃耶和華、○
비 지 아 내 야 화 화

겔20:27

人子歟、
인 자 여

當謂以色列家曰、
당 위 이 색 열 가 왈

主耶和華云、
주 야 화 화 운

爾之列祖褻瀆我、
이 지 열 조 설 독 아

以其干罪於我、
이 기 간 죄 어 아

겔20:28

我既導之入所誓賜之
아 기 도 지 입 소 서 사 지

地、
지

彼見高岡茂樹、
피 견 고 강 무 수

遂乃獻祭、
수 내 헌 제

奉禮以激我怒、
봉 예 이 격 아 노

焚馨香、
분 형 향

行灌奠、
행 관 전

겔20:29

我則謂之曰、
아 칙 위 지 왈

爾所登之崇邱維何、
이 소 등 지 숭 구 유 하

故其崇邱、
고 기 숭 구

迄今稱爲巴麻、
흘 금 칭 위 파 마

겔 20:30

爾當告以色列家曰、
이 당 고 이 색 열 가 왈

主耶和華云、
주 야 화 화 운

爾效列祖自染汚衊、
이 효 열 조 자 염 오 멸

狥欲從其可惡之物
순 욕 종 기 가 악 지 물

乎、
호

겔 20:31

爾奉禮物、
이 봉 예 물

使子經火、
사 자 경 화

崇拜偶像、
숭 배 우 상

自染汚衊、
자 염 오 멸

迄於今日乎、
흘 어 금 일 호

以色列家歟、
이 색 열 가 여

我豈聽爾之諮諏乎、
아 기 청 이 지 자 추 호

主耶和華曰、
주 야 화 화 왈

我指己生而誓、
아 지 기 생 이 서

不聽爾之諮諏、
불 청 이 지 자 추

겔 20:32

爾意欲效異邦、
이 의 욕 효 이 방

同於列國之族、
동 어 열 국 지 족

服事木石、
복 사 목 석

此意必不得成、
차 의 필 불 득 성

겔 20:33

主耶和華曰、
주 야 화 화 왈

我指己生而誓、
아 지 기 생 이 서

我必以能手奮臂、
아 필 이 능 수 분 비

及之烈怒、
급 지 렬 노

爲爾之王、
위 이 지 왕

겔20:34

且以能手奮臂、
차 이 능 수 분 비

及傾洩之烈怒、
급 경 설 지 렬 노

導爾出列國、
도 이 출 열 국

集爾出所散之邦、
집 이 출 소 산 지 방

겔20:35

攜至諸國之曠野、
휴 지 제 국 지 광 야

在彼面鞫爾、
재 피 면 국 이

겔20:36

我鞫爾、
아 국 이

如在埃及曠野鞫爾列
여 재 애 급 광 야 국 이 열

祖、
조

主耶和華言之矣、
주 야 화 화 언 지 의

겔20:37

我必使爾經於杖下、
아 필 사 이 경 어 장 하

以歸我約所束、
이 귀 아 약 소 속

겔20:38

凡違逆干罪於我者、
범 위 역 간 죄 어 아 자

必去之於爾中、
필 거 지 어 이 중

導出所旅之邦、
도 출 소 려 지 방

而不得歸以色列地、
이 불 득 귀 이 색 열 지

爾則知我乃耶和華、
이 칙 지 아 내 야 화 화

겔20:39

以色列家歟、
이 색 열 가 여

主耶和華論爾云、
주 야 화 화 론 이 운

往哉、
왕 재

各事其偶像、
각 사 기 우 상

惟後必聽從我、
유 후 필 청 종 아

不復以禮物及偶像、
불 복 이 예 물 급 우 상

玷我聖名、
점 아 성 명

겔 20:40

主耶和華曰、
수 야 화 회 왈

以色列全家、
이 색 열 전 가

必於斯土、
필 어 사 토

在我聖山、
재 아 성 산

以色列地高岡、
이 색 열 지 고 강

崇事乎我、
숭 사 호 아

在彼我必納之、
재 피 아 필 납 지

索其祭品、
색 기 제 품

與其初產、
여 기 초 산

及諸聖物、
급 제 성 물

겔 20:41

我導爾出列國、
아 도 이 출 열 국

集爾出所散之邦時、
집 이 출 소 산 지 방 시

必納爾如馨香、
필 납 이 여 형 향

因爾而顯爲聖、
인 이 이 현 위 성

俾異邦目覩、
비 이 방 목 도

겔 20:42

我旣導爾入以色列
아 기 도 이 입 이 색 열

地、
지

昔所誓賜爾祖之國、
석 소 서 사 이 조 지 국

爾必知我乃耶和華、
이 필 지 아 내 야 화 화

겔20:43

在彼爾將追憶所行自
재 피 이 장 추 억 소 행 자

汚之事、
오 지 사

且緣所爲諸惡、
차 연 소 위 제 악

自怨自恨、
자 원 자 한

겔20:44

主耶和華曰、
주 야 화 화 왈

以色列家歟、
이 색 열 가 여

我緣我名之故、
아 연 아 명 지 고

不以爾所行之惡途、
불 이 이 소 행 지 악 도

所爲之邪慝待爾、
소 위 지 사 특 대 이

則必知我乃耶和華、
칙 필 지 아 내 야 화 화

○

겔 20:45

耶和華諭我曰、
야 화 화 유 아 왈

겔 20:46

人子歟、
인 자 여

爾其面南、
이 기 면 남

向南發言、
향 남 발 언

對南郊之林而預言、
대 남 교 지 림 이 예 언

겔 20:47

謂南林曰、
위 남 림 왈

宜聽耶和華言、
의 청 야 화 화 언

主耶和華云、
주 야 화 화 운

我必燃火於爾、
아 필 연 화 어 이

盡焚爾木、
진 분 이 목

或靑或枯、
혹 청 혹 고

其焰不滅、
기 염 불 멸

自南及北、
자 남 급 북

灼炙衆面、
작 자 중 면

겔20:48

凡有血氣者、
범 유 혈 기 자

必知斯火爲我耶和華
필 지 사 화 위 아 야 화 화

所燃、
소 연

不得撲滅、
부 득 박 멸

겔20:49

我則曰、
아 즉 왈

噫、
희

主耶和華歟、
주 야 화 화 여

人指我曰、
인 지 아 왈

彼非言譬語者乎、
피 비 언 비 어 자 호

以西結書 第二十一章
이 서 결 서 제 이 십 일 장

겔21:1

耶和華諭我曰、
야 화 화 유 아 왈

겔21:2

人子歟、
인 자 여

爾其面耶路撒冷、
이 기 면 야 로 살 랭

向聖所發言、
향 성 소 발 언

對以色列地而預言、
대 이 색 열 지 이 예 언

겔21:3

告以色列地云、
고 이 색 열 지 운

耶和華曰、
야 화 화 왈

我爲爾敵、
아 위 이 적

必拔刃出鞘、
필 발 인 출 초

義者惡者、
의 자 악 자

絶於爾中、
절 어 이 중

겔21:4

旣慾絶義者惡者於爾
기 욕 절 의 자 악 자 어 이

中、
중

我刃必出於鞘、
아 인 필 출 어 초

擊凡有血氣者、
격 범 유 혈 기 자

自南至北、
자 남 지 북

겔21:5

凡有血氣者、
범 유 혈 기 자

必知我耶和華拔刃出
필 지 아 야 화 화 발 인 출

鞘、
조

不復韜之、
불 복 도 지

겔21:6

人子歟、
인 자 여

爾其太息、
이 기 태 식

腰斷痛苦而欷歔、
요 단 통 고 이 희 허

令人目覩、
령 인 목 도

겔21:7

如彼問爾何爲太息、
여 피 문 이 하 위 태 식

必曰、
필 왈

因聞音耗、
인 문 음 모

其事將至、
기 사 장 지

使衆心怯、
사 중 심 겁

手疲誌餒、
수 피 지 뇌

膝弱如水、
슬 약 여 수

其事將至、
기 사 장 지

其言必成、
기 언 필 성

主耶和華言之矣、○
주 야 화 화 언 지 의

겔21:8

耶和華諭我曰、
야 화 화 유 이 왈

겔21:9

人子歟、
인 자 여

當預言曰、
당 예 언 왈

耶和華云、
야 화 화 운

有刃有刃、
유 인 유 인

旣利且光、
기 리 차 광

겔21:10

其利便於行戮、
기 리 편 어 행 륙

磨光使若閃電、
마 광 사 약 섬 전

我儕其可喜樂乎、
아 제 기 가 희 악 호

我子之杖、
아 자 지 장

輕藐諸木、
경 막 제 목

겔21:11

磨礪使光、
마 려 사 광

以便執用、
이 편 집 용

旣利且光、
기 리 차 광

付於殺戮者之手、
부 어 살 륙 자 지 수

겔21:12

人子歟、
인 자 여

爾其呼喊號咷、
이 기 호 함 호 도

因刃加於我民、
인 인 가 어 아 민

擊以色列牧伯、
격 이 색 열 목 백

彼及我民、
피 급 아 민

咸付於刃、
함 부 어 인

故當拊髀、
고 당 부 비

겔21:13

主耶和華曰、
주 야 회 화 왈

有試鍊焉、
유 시 련 언

輕藐之杖、
경 막 지 장

如歸烏有、
여 귀 오 유

將若之何、
장 약 지 하

겔21:14

人子歟、
인 자 여

爾其預言而鼓掌、
이 기 예 언 이 고 장

使刃再三行戮、
사 인 재 삼 행 륙

此刃卽重傷大人、
차 인 즉 중 상 대 인

入諸密室者、
입 제 밀 실 자

겔21:15

我備怖人之刃、
아 비 포 인 지 인

攻諸邑門、
공 제 읍 문

使衆心怯、
사 중 심 겁

增其窒礙、
증 기 질 애

噫嘻、
희 희

刃若閃電、
인 약 섬 전

其利便於行戮、
기 리 편 어 행 륙

겔21:16

爾其集合向右、
이 기 집 합 향 우

列陳向左、
열 진 향 좌

隨爾所向、
수 이 소 향

겔21:17

我亦鼓掌、
아 역 고 장

以息我怒、
이 식 아 노

我耶和華言之矣、○
아 야 화 화 언 지 의

겔21:18

耶和華諭我曰、
야 화 화 유 아 왈

겔21:19

惟爾人子、
유 이 인 자

當繪二途、
당 회 이 도

使巴比倫王之刃由之
사 파 비 륜 왕 지 인 유 지

而至、
이 지

二途出於一地、
이 도 출 어 일 지

又繪一手、
우 회 일 수

置於向邑歧路之處、
치 어 향 읍 기 로 지 처

겔21:20

所繪之途、
소 회 지 도

一使刃至亞捫族之拉
일 사 인 지 아 문 족 지 랍

巴、
파

一使刃至猶大之耶路
일 사 인 지 유 대 지 야 로

撒冷堅城、
살 랭 견 성

겔21:21

蓋巴比倫王、
개 파 비 륜 왕

止於歧路卜之、
지 어 기 로 복 지

搖以矢、
요 이 시

問偶像、
문우상

察牲肝、
찰생간

겔 21:22

右手得取耶路撒冷之
우수득취야로살랭지

兆、
조

使設鎚以擊之、
사설추이격지

厥口孔張、
궐구공장

大聲號呼、
대성호호

可行殺戮、
가행살륙

發鎚攻門、
발추공문

築壘建臺、
축루건대

겔 21:23

惟有約誓者、
유유약서자

以所卜爲僞、
이 소 복 위 위

然巴比倫王必使其罪
연 파 비 륜 왕 필 사 기 죄

見憶、
견 억

致虜其衆、○
치 로 기 중

겔 21:24

主耶和華曰、
주 야 화 화 왈

因爾使罪見憶、
인 이 사 죄 견 억

愆尤昭彰、
건 우 소 창

諸行顯爾之惡、
제 행 현 이 지 악

爾旣見憶、
이 기 견 억

必爲其手所獲、
필 위 기 수 소 획

겔 21:25

行惡重傷之以色列君
행 악 중 상 지 이 색 열 군

乎、
호

爾日屆矣、
이 일 계 의

罰罪之期至矣、
벌 죄 지 기 지 의

겔 21:26

主耶和華曰、
주 야 화 화 왈

去其冕、
거 기 면

脫其冠、
탈 기 관

諸事變易、
제 사 변 역

卑者升之、
비 자 승 지

高者降之、
고 자 강 지

겔 21:27

我必傾覆之、
조 필 경 복 지

至再至三、
지 재 지 삼

所有者歸於無有、
소 유 자 귀 어 무 유

俟當得者至、
사 당 득 자 지

則賜之焉、○
칙 사 지 언

겔21:28

惟爾人子、
유 이 인 자

當預言云、
당 예 언 운

主耶和華論亞捫人、
주 야 화 화 론 아 문 인

及其侮辱之言曰、
급 기 모 욕 지 언 왈

有刃出鞘、
유 인 출 초

磨光殺戮、
마 광 살 륙

猶如閃電、
유 여 섬 전

以行呑滅、
이 행 탄 멸

겔21:29

維時、
유 시

卜者所見虛僞、
복 자 소 견 허 위

爲爾所占妄誕、
위 이 소 점 망 탄

使爾僕於重傷惡人之
사 이 복 어 중 상 악 인 지

項、
항

彼日屆矣、
피 일 계 의

罰罪之期至矣、
벌 죄 지 기 지 의

겔21:30

爾其收刃入鞘、
이 기 수 인 입 초

我必於爾受造之處、
아 필 어 이 수 조 지 처

生長之地鞫爾、
생 장 지 지 국 이

겔21:31

傾我怒於爾、
경 아 노 어 이

以我發忿之火吹及爾
이 아 발 분 지 화 취 급 이
躬、
궁
付爾於殘忍善殺戮者
부 이 어 잔 인 선 살 륙 자
之手、
지 수

겔 21:32
爾爲燃火之薪、
이 위 연 화 지 신
爾血流於斯土、
이 혈 류 어 사 토
爾必不復見憶、
이 필 불 복 견 억
我耶和華言之矣、
아 야 화 화 언 지 의

以西結書 第二十二章
이 서 결 서 제 이 십 이 장

겔 22:1
耶和華諭我曰、
야 화 화 유 아 왈

겔 22:2
人子歟、
인 자 여

此血邑、
자 혈 읍

爾欲鞫之乎、
이 욕 국 지 호

鞫之、
국 지

使知其可惡之事、
사 지 기 가 악 지 사

겔 22:3

曰、
왈

主耶和華云、
주 야 화 화 운

斯邑之中、
사 읍 지 중

流人之血、
류 인 지 혈

作諸偶像、
작 제 우 상

自染汚衊、
자 염 오 멸

其日邇矣、
기 일 이 의

겔 22:4

爾流人血、
이 류 인 혈

自取罪戾、
자 취 죄 려

爾作偶像、
이 작 우 상

自染污衊、
자 염 오 멸

爾之日伊邇、
이 지 일 이 이

爾之年殆盡、
이 지 년 태 진

故我使爾爲列國所侮
고 아 사 이 위 열 국 소 모

辱、
욕

爲萬邦所姍笑、
위 만 방 소 산 소

겔22:5

爾名劣多亂者乎、
이 명 렬 다 란 자 호

遐邇之人、
하 이 지 인

必譏笑爾、
필 기 소 이

겔 22:6

以色列牧伯、
이 색 열 목 백

各奮其力、
각 분 기 력

流血於爾中、
류 혈 어 이 중

겔 22:7

爾中有人輕視父母、
이 중 유 인 경 시 부 모

虐遇賓旅、
학 우 빈 려

欺凌孤寡、
기 릉 고 과

겔 22:8

藐我聖物、
막 아 성 물

犯我安息、
범 아 안 식

겔 22:9

爾中有毀謗者、
이 중 유 훼 방 자

流人之血、
류 인 지 혈

有人食於山、
유 인 식 어 산

行淫亂、
행 음 란

겔22:10

烝父繼室、
증 부 계 실

辱因天癸而汚之婦、
욕 인 천 계 이 오 지 부

겔22:11

有行可憎於鄰妻、
유 행 가 증 어 린 처

有穢亂子婦、
유 예 란 자 부

有玷辱異母之姊妹、
유 점 욕 이 모 지 자 매

겔22:12

受賄以流人血、
수 회 이 류 인 혈

貸金而取利息、
대 금 이 취 리 식

行暴於鄰、
행 폭 어 린

得財無厭、
득 재 무 염

而忘乎我、
이 망 호 아

主耶和華言之矣、
주 야 화 화 언 지 의

겔22:13

因爾所得非義之利、
인 이 소 득 비 의 지 리

及爾中所流之血、
급 이 중 소 류 지 혈

我則擊掌、
아 칙 격 장

겔22:14

我處爾之日、
아 처 이 지 일

爾心豈能忍受、
이 심 기 능 인 수

爾手豈有力乎、
이 수 기 유 력 호

我耶和華言之、
아 야 화 화 언 지

亦必成之、
역 필 성 지

겔22:15

我必散爾於列國、
아 필 산 이 어 열 국

分爾於異邦、
분 이 어 이 방

消除爾之汚衊、
소 제 이 지 오 멸

겔22:16

爾必於異邦人前、
이 필 어 이 방 인 전

身受侮辱、
신 수 모 욕

則知我乃耶和華、○
칙 지 아 내 야 화 화

겔22:17

耶和華諭我曰、
야 화 화 유 아 왈

겔22:18

人子歟、
인 자 여

我視以色列家爲渣
아 시 이 색 열 가 위 사

滓、
재

彼在爐中、
피 재 로 중

若銅鐵錫鉛、
약 동 철 석 연

爲銀之渣滓、
위 은 지 사 재

겔 22:19

主耶和華曰、
주 야 화 화 왈

因爾成爲渣滓、
인 이 성 위 사 재

我必集爾於耶路撒
아 필 집 이 어 야 로 살

冷、
랭

겔 22:20

猶人集銀銅鐵鉛錫於
유 인 집 은 동 철 연 석 어

爐、
로

吹火以鎔之、
취 화 이 용 지

如是我必震怒、
여 시 아 필 진 노

發忿集爾、
발 분 집 이

置於其中而鎔之、
치 어 기 중 이 용 지

겔 22:21

我必集爾、
아 필 집 이

以我烈怒之火、
이 아 렬 노 지 화

吹及爾身、
취 급 이 신

鎔爾於其中、
용 이 어 기 중

겔22:22
猶鎔銀於爐中、
유 용 은 어 로 중

爾鎔於其中、
이 용 어 기 중

則知我耶和華傾怒於
칙 지 아 야 화 화 경 노 어

爾、○
이

겔22:23
耶和華諭我曰、
야 화 화 유 아 왈

겔22:24
人子歟、
인 자 여

當告斯土曰、
당 고 사 토 왈

爾乃不潔之地、
이 내 불 결 지 지

震怒之日、
진노지일

甘霖不沛、
감림불패

겔 22:25

其中之先知結黨、
기중지선지결당

若獅狂吼、
약사광후

攫而裂物、
확이렬물

呑噬人靈、
탄서인령

取其珍寶、
취기진보

以致邑中嫠婦衆多、
이치읍중리부중다

겔 22:26

其祭司干我法律、
기제사간아법률

汚我聖物、
오아성물

不辨聖與不聖、
불변성여불성

不使人別潔與不潔、
불 사 인 별 결 여 불 결

掩目不顧我之安息、
엄 목 불 고 아 지 안 식

致我見瀆於民中、
치 아 견 독 어 민 중

겔 22:27

其中之牧伯、
기 중 지 목 백

若狼攫而裂物、
약 랑 확 이 렬 물

惟慾流血、
유 욕 류 혈

殄滅人靈、
진 멸 인 령

以獲不義之利、
이 획 불 의 지 리

겔 22:28

其先知以不堅之泥、
기 선 지 이 불 견 지 니

爲人塗垣、
위 인 도 원

所見虛僞、
소 견 허 위

所占妄誕、
소 점 망 탄

彼謂主耶和華言之、
피 위 주 야 화 화 언 지

然耶和華未言也、
연 야 화 화 미 언 야

겔22:29

斯土之民、
사 토 지 민

用强暴、
용 강 폭

行攘奪、
행 양 탈

騷擾貧乏、
소 요 빈 핍

妄虐羇旅、
망 학 기 려

겔22:30

我於其中、
아 어 기 중

欲覓一人、
욕 멱 일 인

以築垣墉、
이 축 원 용

爲國立於缺處、
위 국 립 어 결 처

在於我前、
재 어 아 전

免我殲滅、
면 아 섬 멸

而不可得、
이 불 가 득

겔 22:31

故我傾怒於衆、
고 아 경 노 어 중

以我發忿之火滅之、
이 아 발 분 지 화 멸 지

依其所爲、
의 기 소 위

報於其首、
보 어 기 수

主耶和華言之矣、
주 야 화 화 언 지 의

以西結書 第二十三章
이 서 결 서 제 이 십 삼 장

겔 23:1

耶和華諭我曰、
야 화 화 유 아 왈

겔 23:2

人子歟、
인 자 여

昔有二女、
석 유 이 녀

一母所生、
일 모 소 생

겔 23:3

當其少年、
당 기 소 년

在埃及行淫、
재 애 급 행 음

爲男擁抱、
위 남 옹 포

摩撫厥乳、
마 무 궐 유

겔 23:4

姊名阿荷拉、
자 명 아 하 랍

妹名阿荷利巴、
매 명 아 하 리 파

俱歸於我、
구 귀 어 아

而生子女、
이 생 자 녀

阿荷拉卽撒瑪利亞、
아 하 랍 즉 살 마 리 아

阿荷利巴卽耶路撒冷
아 하 리 파 즉 야 로 살 랭

也、
야

겔 23:5

阿荷拉旣歸我、
아 하 랍 기 귀 아

乃行淫亂、
내 행 음 란

戀其情人鄰邦亞述
련 기 정 인 린 방 아 술

族、
족

겔 23:6

彼衣紫衣、
피 의 자 의

皆爲方伯州牧、
개 위 방 백 주 목

少壯可愛、
소 장 가 애

乘馬而至、
승 마 이 지

겔 23:7

婦與亞述俊男行淫、
부 여 아 술 준 남 행 음

以其所戀愛者、
이 기 소 련 애 자

及其偶像、
급 기 우 상

自染汚衊、
자 염 오 멸

겔 23:8

當其少年、
당 기 소 년

在埃及行淫、
재 애 급 행 음

爲男玷汚、
위 남 점 오

摩撫厥乳、
마 무 궐 유

迄今未改、
흘 금 미 개

겔 23:9

故我付之於其情人亞
고 아 부 지 어 기 정 인 아

述族手、
술 족 수

겔 23:10

裸其身體、
라 기 신 체

虜其子女、
로 기 자 녀

殺之以刃、
살 지 이 인

加罰其身、
가 벌 기 신

使爲話柄於衆婦中、
사 위 화 병 어 중 부 중

겔 23:11

厥妹阿荷利巴見此、
궐 매 아 하 리 파 견 차

狥欲過於其姊、
순 욕 과 어 기 자

行淫較之尤甚、
행 음 교 지 우 심

겔 23:12

戀愛鄰邦亞述人、
련 애 린 방 아 술 인

方伯州牧、
방 백 주 목

少壯可愛、
소 장 가 애

盛服乘馬、
성복승마

겔23:13

我見其被玷、
아견기피점

姊妹俱行一途、
자매구행일도

겔23:14

惟彼增其淫行、
유피증기음행

見迦勒底人像、
견가륵저인상

繪於牆壁、
회어장벽

塗以丹雘、
도이단확

겔23:15

其腰束帶、
기요속대

冠巾下垂於後、
관건하수어후

容若牧伯、
용약목백

與迦勒底地所出之巴
여가륵저지소출지파

比倫人同、
비 륜 인 동

겔 23:16

婦見之、
부 견 지

則生戀愛、
칙 생 련 애

遣使往迦勒底見之、
견 사 왕 가 륵 저 견 지

겔 23:17

巴比倫人至、
파 비 륜 인 지

登榻行淫、
등 탑 행 음

婦既被玷、
부 기 피 점

則厭其人、
칙 염 기 인

겔 23:18

彼顯其淫行、
피 현 기 음 행

露其身體、
로 기 신 체

我則厭之、
아 칙 염 지

如厭其姊、
여 염 기 자

겔 23:19

惟彼增其淫行、
유 피 증 기 음 행

憶其少年、
억 기 소 년

在埃及行淫、
재 애 급 행 음

겔 23:20

戀其所歡、
련 기 소 환

體壯若驢、
체 장 약 려

精足若馬、
정 족 약 마

겔 23:21

猶憶少年行淫、
유 억 소 년 행 음

爲埃及人擁抱、
위 애 급 인 옹 포

摩撫厥乳、○
마 무 궐 유

겔 23:22

阿荷利巴乎、
아 하 리 파 호

主耶和華曰、
주 야 화 화 왈

爾之情人、
이 지 정 인

爾所厭者、
이 소 염 자

我必興之以攻爾、
아 필 흥 지 이 공 이

四方集之以敵爾、
사 방 집 지 이 적 이

겔 23:23

卽巴比倫人、
즉 파 비 륜 인

迦勒底衆、
가 륵 저 중

及比割書亞哥亞諸
급 비 할 서 아 가 아 제

族、
족

亞述人偕之、
아 술 인 해 지

皆爲方伯州牧、
개 위 방 백 주 목

少壯可愛、
소 장 가 애

有名議士、
유 명 의 사

俱乘馬者、
구 승 마 자

겔 23:24

彼必率軍旅、
피 필 솔 군 려

攜兵械、
휴 병 계

戰車運車、
전 차 운 차

至而攻爾、
지 이 공 이

執干盾、
집 간 순

冠兜鍪、
관 두 무

列陳圍爾、
열 진 위 이

我將付鞫權於其手、
아 장 부 국 권 어 기 수

依其律以鞫爾、
의 기 률 이 국 이

겔23:25

我必以忌嫉攻爾、
아 필 이 기 질 공 이

彼將以盛怒待爾、
피 장 이 성 노 대 이

加以劓刵、
가 이 의 이

以刃殺爾遺民、
이 인 살 이 유 민

虜爾子女、
로 이 자 녀

所有孑遺、
소 유 혈 유

焚之以火、
분 지 이 화

겔23:26

褫爾衣裳、
치 이 의 상

奪爾珍寶、
탈 이 진 보

겔23:27

如是、
여 시

我必止爾邪欲、
아 필 지 이 사 욕

及爾淫行、
급 이 음 행

卽在埃及所習者、
즉 재 애 급 소 습 자

俾爾不擧目望之、
비 이 불 거 목 망 지

不復記憶埃及、
불 복 기 억 애 급

겔 23:28

主耶和華曰、
주 야 화 화 왈

爾所憾所厭者、
이 소 감 소 염 자

我必付爾於其手、
아 필 부 이 어 기 수

겔 23:29

彼必以恨待爾、
피 필 이 한 대 이

奪爾貨財、
탈 이 화 재

使爾裸體、
사 이 라 체

顯爾邪慝淫行之醜、
현 이 사 특 음 행 지 추

겔 23:30

爾遭斯事、
이 조 사 사

因爾狗欲、
인 이 순 욕

從異邦人、
종 이 방 인

爲其偶像所玷、
위 기 우 상 소 점

겔23:31

爾行爾姊之途、
이 행 이 자 지 도

我必以其爵付於爾
아 필 이 기 작 부 어 이

手、
수

겔23:32

主耶和華曰、
주 야 화 화 왈

爾姊之爵、
이 자 지 작

旣深且巨、
기 심 차 거

所盛旣多、
소 성 기 다

爾必飮之、
이 필 음 지

爲人輕慢姍笑、
위 인 경 만 산 소

겔 23:33

爾姊撒瑪利亞之爵、
이 자 살 마 리 아 지 작

盛以駭愕凄涼、
성 이 해 악 처 량

爾必滿飮、
이 필 만 음

沈醉憂傷、
침 취 우 상

겔 23:34

爾必飮之、
이 필 음 지

吸之務盡、
흡 지 무 진

嚙爵之碎、
교 작 지 쇄

搔裂己乳、
소 렬 기 유

主耶和華言之矣、
주 야 화 화 언 지 의

겔 23:35

主耶和華曰、
주 야 화 화 왈

因爾遺忘我、
인 이 유 망 아

背棄我、
배 기 아

必負爾邪欲淫行之
필 부 이 사 욕 음 행 지

罪、○
죄

겔23:36

耶和華諭我曰、
야 화 화 유 아 왈

人子歟、
인 자 여

爾欲鞫阿荷拉阿荷利
이 욕 국 아 하 랍 아 하 리

巴乎、
파 호

若鞫之、
약 국 지

則以其可惡之事告
칙 이 기 가 악 지 사 고

之、
지

겔 23:37

彼行淫、
피 행 음

手染血、
수 염 혈

狗欲於偶像、
순 욕 어 우 상

使其爲我而生之男經
사 기 위 아 이 생 지 남 경

火、
화

而奉獻之、
이 봉 헌 지

至於殄滅、
지 어 진 멸

겔 23:38

更有逆我之事、
경 유 역 아 지 사

同日汚我聖所、
동 일 오 아 성 소

犯我安息、
범 아 안 식

겔 23:39

旣殺子女、
기 살 자 녀

獻於偶像、
헌 어 우 상

當日入我聖所而汚
당 일 입 아 성 소 이 오

之、
지

於我室中、
어 아 실 중

所行若是、
소 행 약 시

겔 23:40

且遣使往遠方、
차 견 사 왕 원 방

招人詣爾、
초 인 예 이

旣至、
기 지

爾則澡身畫眉、
이 칙 조 신 화 미

妝以首飾、
장 이 수 식

겔 23:41

坐於華牀、
좌 어 화 상

設几其前、
설 궤 기 전

以我芳品膏油、
이 아 방 품 고 유

置於其上、
치 어 기 상

겔 23:42

斯衆安逸、
사 중 안 일

喧譁聞於其中、
훤 화 문 어 기 중

亦自曠野、
역 자 광 야

攜庸人及沈湎者至、
휴 용 인 급 침 면 자 지

爲二婦著釧於手、
위 이 부 저 천 어 수

戴冕於首、
대 면 어 수

겔 23:43

我曰、
아 왈

行淫已久之婦、
행 음 이 구 지 부

與衆彼此行淫、
여 중 피 차 행 음

겔 23:44
衆入其所、
중 입 기 소
如入妓所、
여 입 기 소
就二淫婦、
취 이 음 부
阿荷拉、
아 하 랍
阿荷利巴、
아 하 리 파

겔 23:45
義人必鞫之、
의 인 필 국 지
如鞫淫婦、
여 국 음 부
與流血之婦然、
여 류 혈 지 부 연
以彼誠爲淫婦、
이 피 성 위 음 부
其手染血也、
기 수 염 혈 야

겔 23:46

主耶和華曰、
주 야 화 화 왈

我必率衆攻之、
아 필 솔 중 공 지

俾其播蕩而被刦、
비 기 파 탕 이 피 겁

겔 23:47

衆必擊之以石、
중 필 격 지 이 석

殺之以刃、
살 지 이 인

戮其子女、
륙 기 자 녀

焚其第宅、
분 기 제 댁

겔 23:48

如是、
여 시

必止淫行於斯土、
필 지 음 행 어 사 토

以訓衆女、
이 훈 중 녀

不效爾之行淫、
불 효 이 지 행 음

겔 23:49

人必報爾之邪淫、
인 필 보 이 지 사 음

爾必負拜偶之罪、
이 필 부 배 우 지 죄

俾知我乃主耶和華、
비 지 아 내 주 야 화 화

以西結書 第二十四章
이 서 결 서 제 이 십 사 장

겔 24:1

九年十月十日、
구 년 십 월 십 일

耶和華諭我曰、
야 화 화 유 아 왈

겔 24:2

人子歟、
인 자 여

其記錄是日、
기 기 록 시 일

是日巴比倫王逼近耶
시 일 파 비 륜 왕 핍 근 야

路撒冷、
로 살 랭

겔 24:3

當爲悖逆之家設譬
당 위 패 역 지 가 설 비

曰、
왈

主耶和華云、
주 야 화 화 운

置鼎於火、
치 정 어 화

傾水於中、
경 수 어 중

겔 24:4

集肉投鼎、
집 육 투 정

卽肉塊之佳者、
즉 육 괴 지 가 자

若腿若肩、
약 퇴 약 견

充以所選之骨、
충 이 소 선 지 골

겔 24:5

取其美羊、
취 기 미 양

積薪鼎下、
적 신 정 하

令水盛沸、
령 수 성 비

以煮其骨於中、○
이 자 기 골 어 중

겔 24:6

主耶和華曰、
주 야 화 화 왈

禍哉血邑、
화 재 혈 읍

生銹之鼎、
생 수 지 정

厥誘未去、
궐 유 미 거

其中之肉、
기 중 지 육

逐一取出、
축 일 취 출

毋庸掣籤得之、
무 용 체 첨 득 지

겔 24:7

其中有血、
기 중 유 혈

流於光磐之上、
류 어 광 반 지 상

不傾於地、
불 경 어 지

爲土所掩、
위 토 소 엄

겔 24:8

彼之流血磐上、
피 지 류 혈 반 상

不掩於土、
불 엄 어 토

乃我使然、
내 아 사 연

致我震怒、
치 아 진 노

而行報復、
이 행 보 복

겔 24:9

主耶和華曰、
주 야 화 화 왈

禍哉血邑、
화 재 혈 읍

我必堆積多薪、
아 필 퇴 적 다 신

겔 24:10

其來積薪、
기 래 적 신

使火炎炎、
사 화 염 염

肉爛湯濃、
육 란 탕 농

骨亦焦焉、
골 역 초 언

겔24:11

厥鼎旣空、
궐 정 기 공

置於火上而炙之、
치 어 화 상 이 자 지

焚燒其銅、
분 소 기 동

以銷厥汚、
이 소 궐 오

而滅其銹、
이 멸 기 수

겔24:12

斯邑勞力致疲、
사 읍 로 력 치 피

其銹仍未滌除、
기 수 잉 미 척 제

必炙以火、
필 자 이 화

겔24:13

爾汚而淫、
이 오 이 음

我欲潔爾、
아 욕 결 이

爾不受潔、
이 불 수 결

故爾汚不得滌除、
고 이 오 불 득 척 제

迨我怒息、
태 아 노 식

겔 24:14

我耶和華言之、
아 야 화 화 언 지

亦必成之、
역 필 성 지

不食言、
불 식 언

不回誌、
불 회 지

不加矜憫、
불 가 긍 민

人必依爾所行而鞫
인 필 의 이 소 행 이 국

爾、
이

主耶和華言之矣、○
주 야 화 화 언 지 의

겔24:15

耶和華諭我曰、
야 화 화 유 아 왈

겔24:16

人子歟、
인 자 여

爾目所慕者、
이 목 소 모 자

我必猝然去之、
아 필 졸 연 거 지

爾勿悲、
이 물 비

勿哭、
물 곡

勿下淚、
물 하 루

겔24:17

爾欷歔、
이 희 허

勿揚聲、
물 양 성

勿爲死者治喪、
물 위 사 자 치 상

首仍束巾、
수 잉 속 건

足仍著履、
족 잉 저 리

勿掩爾口、
물 엄 이 구

勿食人之所供、
물 식 인 지 소 공

겔 24:18

我朝與民言、
아 조 여 민 언

夕而妻死、
석 이 처 사

詰朝、
힐 조

我循命而行、
아 순 명 이 행

겔 24:19

民問我曰、
민 문 아 왈

爾之所爲、
이 지 소 위

與我何與、
여 아 하 여

請以告我、
청 이 고 아

겔 24:20

我對曰、
아 대 왈
耶和華曾諭我云、
야 화 화 증 유 아 운

겔24:21
爾當謂以色列家曰、
이 당 위 이 색 열 가 왈
主耶和華云、
주 야 화 화 운
我之聖所、
아 지 성 소
爾以爲榮、
이 이 위 영
爾目所慕、
이 목 소 모
爾心所惜者、
이 심 소 석 자
我必使之爲汚、
아 필 사 지 위 오
爾所遺之子女、
이 소 유 지 자 녀
必隕於刃、
필 운 어 인

겔24:22

彼所爲者、
피 소 위 자

爾必爲之、
이 필 위 지

不掩爾口、
불 엄 이 구

不食人之所供、
불 식 인 지 소 공

겔 24:23

首仍束巾、
수 잉 속 건

足仍著履、
족 잉 저 리

不悲不哭、
불 비 불 곡

在爾罪中、
재 이 죄 중

漸卽消亡、
점 즉 소 망

相向而歎、
상 향 이 탄

겔 24:24

以西結爲爾兆、
이 서 결 위 이 조

爾必依其所爲而爲
이 필 의 기 소 위 이 위

之、
지

斯事旣至、
사 사 기 지

爾則知我乃主耶和華
이 칙 지 아 내 주 야 화 화

也、○
야

겔 24:25

人子歟、
인 자 여

我去斯民所恃之力、
아 거 사 민 소 시 지 력

所悅之榮、
소 열 지 영

及目所欲、
급 목 소 욕

與心所愛之子女、
여 심 소 애 지 자 녀

겔 24:26

是日得脫者、
시 일 득 탈 자

豈不詣爾、
기 불 예 이

俾爾聞之乎、
비 이 문 지 호

겔 24:27

當日爾口乃啟、
당 일 이 구 내 계

與得脫者言、
여 득 탈 자 언

不復緘默、
불 복 함 묵

如是爲衆之兆、
여 시 위 중 지 조

使知我乃耶和華、
사 지 아 내 야 화 화

以西結書 第二十五章
이 서 결 서 제 이 십 오 장

겔 25:1

耶和華諭我曰、
야 화 화 유 아 왈

겔 25:2

人子歟、
인 자 여

其面亞捫族而預言、
기 면 아 문 족 이 예 언

겔25:3

曰、
왈

爾亞捫族、
이 아 문 족

宜聽主耶和華之言、
의 청 주 야 화 화 지 언

主耶和華曰、
주 야 화 화 왈

昔我聖所玷汚、
석 아 성 소 점 오

以色列地荒蕪、
이 색 열 지 황 무

猶大家被虜、
유 대 가 피 로

爾則曰、
이 칙 왈

嘻嘻、
희 희

겔25:4

我必以爾付於東方人
아 필 이 이 부 어 동 방 인

爲業、
위 업

彼必建營、
피 필 건 영

居於爾中、
거 어 이 중

食爾果、
식 이 과

飮爾乳、
음 이 유

겔 25:5

我必使拉巴爲駝廐、
아 필 사 랍 파 위 타 구

亞捫地爲羊偃臥之
아 문 지 위 양 언 와 지

所、
소

爾則知我乃耶和華、
이 칙 지 아 내 야 화 화

겔 25:6

主耶和華曰、
주 야 화 화 왈

因爾向以色列地鼓掌
인 이 향 이 색 열 지 고 장

頓足、
돈 족

滿心蔑視、
만 심 멸 시

欣喜不勝、
흔 희 불 승

겔 25:7

我必伸手於爾、
아 필 신 수 어 이

付爾於異邦、
부 이 어 이 방

爲彼所虜掠、
위 피 소 로 략

絕爾於萬族、
절 이 어 만 족

滅爾於列國、
멸 이 어 열 국

爾則知我乃耶和華、
이 칙 지 아 내 야 화 화

○

겔 25:8

主耶和華曰、
주 야 화 화 왈

摩押與西珥云、
마 압 여 서 이 운

猶大同於異邦、
유 대 동 어 이 방

겔 25:9

故我必破摩押邊邑、
고 아 필 파 마 압 변 읍

卽其國中之榮、
즉 기 국 중 지 영

伯耶西末、
백 야 서 말

巴力免、
파 력 면

基列亭、
기 열 정

겔 25:10

併亞捫族、
병 아 문 족

付於東方人爲業、
부 어 동 방 인 위 업

致亞捫人不復見憶於
치 아 문 인 불 복 견 억 어

列邦、
열 방

겔 25:11

亦必行鞫於摩押、
역 필 행 국 어 마 압

使知我乃耶和華、 ○
사 지 아 내 야 화 화

겔25:12

主耶和華曰、
주 야 화 화 왈

以東行報復於猶大
이 동 행 보 복 어 유 대

家、
가

因報復而干大罪、
인 보 복 이 간 대 죄

겔25:13

故我必伸手於以東、
고 아 필 신 수 어 이 동

絕其人畜、
절 기 인 축

使之荒涼、
사 지 황 량

自提幔至於底但、
자 제 만 지 어 저 단

其人俱隕於刃、
기 인 구 운 어 인

겔25:14

假我民以色列之手、
가 아 민 이 색 열 지 수

依我烈怒大忿、
의 아 렬 노 대 분

行報復於以東、
행 보 복 어 이 동

使知我之報復、
사 지 아 지 보 복

主耶和華言之矣、○
주 야 화 화 언 지 의

겔25:15

主耶和華曰、
주 야 화 화 왈

非利士人心存蔑視、
비 리 사 인 심 존 멸 시

而行報復、
이 행 보 복

從其永憾、
종 기 영 감

圖滅我民、
도 멸 아 민

겔25:16

故主耶和華曰、
고 주 야 화 화 왈

我必伸手於非利士
아 필 신 수 어 비 리 사

人、
인

絕基利提族、
절 기 리 제 족

滅海濱之遺民、
멸 해 빈 지 유 민

겔25:17

大施報復、
대 시 보 복

怒而譴之、
노 이 견 지

我行報復、
아 행 보 복

彼則知我乃耶和華、
피 칙 지 아 내 야 화 화

以西結書 第二十六章
이 서 결 서 제 이 십 륙 장

겔26:1

十一年月朔、
십 일 년 월 삭

耶和華諭我曰、
야 화 화 유 아 왈

겔26:2

人子歟、
인 자 여

推羅人論耶路撒冷
추 라 인 론 야 로 살 랭

曰、
왈

嘻嘻、
희 희

衆民之門已破、
중 민 지 문 이 파

皆歸於我、
개 귀 어 아

彼旣荒涼、
피 기 황 량

我必恢廓、
아 필 회 곽

겔 26:3

故主耶和華曰、
고 주 야 화 화 왈

推羅乎、
추 라 호

我爲爾敵、
아 위 이 적

必使多國攻爾、
필 사 다 국 공 이

若海浪之衝激、
약 해 랑 지 충 격

겔 26:4

毁推羅之城垣、
훼추라지성원

摧其戍樓、
최기수루

去其塵埃、
거기진애

使爲光潔之磐、
사위광결지반

겔 26:5

而成海中曬網之所、
이성해중쇄망지소

爲諸民所虜掠、
위제민소로략

主耶和華曰、
주야화화왈

我言之矣、
아언지의

겔 26:6

彼之屬邑、
피지속읍

在平原者、
재평원자

必滅於刃、
필멸어인

俾知我乃耶和華、
비 지 아 내 야 화 화

겔 26:7

主耶和華曰、
주 야 화 화 왈

我將使諸王之王、
아 장 사 제 왕 지 왕

巴比倫王尼布甲尼撒、
파 차 륜 왕 니 포 갑 니 살

來自北方、
래 자 북 방

率其車馬騎兵、
솔 기 차 마 기 병

軍旅民衆、
군 려 민 중

以攻推羅、
이 공 추 라

겔 26:8

平原屬邑、
평 원 속 읍

必滅於刃、
필 멸 어 인

建臺築壘、
건 대 축 루

連盾以攻爾、
련 순 이 공 이

겔 26:9

設鎚衝城垣、
설 추 충 성 원

以斧毁戍樓、
이 부 훼 수 루

겔 26:10

因馬之多、
인 마 지 다

塵土蔽邑、
진 토 폐 읍

敵入邑門、
적 입 읍 문

如入城缺、
여 입 성 결

是時、
시 시

因騎兵戰車運車之行
인 기 병 전 차 운 차 지 행

聲、
성

城垣震動、
성 원 진 동

겔 26:11
使其馬足躪爾逵衢、
사 기 마 족 린 이 규 구
以刃戮爾人民、
이 인 륙 이 인 민
爾之堅柱、
이 지 견 주
必仆於地、
필 부 어 지

겔 26:12
刦爾珍寶、
겁 이 진 보
奪爾貨財、
탈 이 화 재
毀爾城垣、
훼 이 성 원
壞爾華屋、
괴 이 화 옥
木石塵土、
목 석 진 토
俱投水中、
구 투 수 중

겔 26:13 、

我必息爾謳歌之聲、
아 필 식 이 구 가 지 성
不復聞爾琴瑟之音、
불 복 문 이 금 슬 지 음

겔26:14
使爾成爲光潔之磐、
사 이 성 위 광 결 지 반
曬網之所、
쇄 망 지 소
不復建之、
불 복 건 지
主耶和華曰、
주 야 화 화 왈
我耶和華言之矣、○
아 야 화 화 언 지 의

겔26:15
主耶和華謂推羅曰、
주 야 화 화 위 추 라 왈
爾傾圮時、
이 경 비 시
傷者呻吟、
상 자 신 음
殺戮行於爾中、
살 륙 행 어 이 중

諸島聞之、
제도문지

豈不震動乎、
기불진동호

겔 26:16

海濱君王、
해빈군왕

將下其位、
장하기위

解其朝服、
해기조복

去其繡衣、
거기수의

遍體戰慄、
편체전률

而坐於地、
이좌어지

恐懼不已、
공구불이

爲爾驚駭、
위이경해

겔 26:17

作哀歌云、
작애가운

有名之邑、
유 명 지 읍

鞏建海中、
공 건 해 중

爲航海者所居、
위 항 해 자 소 거

凡寓彼者、
범 우 피 자

無不慴伏、
무 불 섭 복

奚傾圮乎、
해 경 비 호

겔 26:18

爾傾圮時、
이 경 비 시

羣島戰慄、
군 도 전 률

海中諸島、
해 중 제 도

見爾滅亡、
견 이 멸 망

靡不駭愕、
미 불 해 악

겔 26:19

主耶和華曰、
주야화화왈

我使爾荒蕪、
아사이황무

若無居人之邑、
약무거인지읍

使深淵沒爾、
사심연몰이

大水淹爾、
대수엄이

겔 26:20

其時、
기시

我必使爾與下陰府之
아필사이여하음부지

人、
인

詣彼古昔之民、
예피고석지민

居於地之深處、
거어지지심처

久爲荒寂之所、
구위황적지소

不復有人居於爾中、
불복유인거어이중

爾於生人之地、
이 어 생 인 지 지

不再獲榮、
불 재 획 영

겔 26:21

我必使爾滅沒、
아 필 사 이 멸 몰

永不復振、
영 불 복 진

人雖索爾、
인 수 색 이

而不之見、
이 불 지 견

主耶和華言之矣、
주 야 화 화 언 지 의

以西結書 第二十七章
이 서 결 서 제 이 십 칠 장

겔 27:1

耶和華諭我曰、
야 화 화 유 아 왈

겔 27:2

人子歟、
인 자 여

爾其爲推羅作哀歌、
이 기 위 추 라 작 애 가

겔 27:3

告之云、
고 지 운

爾居海門、
이 거 해 문

與羣島之民貿易、
여 군 도 지 민 무 역

主耶和華曰、
주 야 화 화 왈

推羅歟、
추 라 여

爾曾自謂、
이 증 자 위

我乃完美、
아 내 완 미

겔 27:4

爾之四境、
이 지 사 경

在於海中、
재 어 해 중

建造爾者、
건 조 이 자

成爾華美、
성 이 화 미

겔 27:5

如舟以示尼珥松爲
여 주 이 시 니 이 송 위

板、
판

以利巴嫩香柏爲檣、
이 리 파 눈 향 백 위 장

겔 27:6

以巴珊橡樹爲櫂、
이 파 산 상 수 위 도

以基提島之黄楊爲蓋
이 기 제 도 지 황 양 위 개

板、
판

飾以象牙、
식 이 상 아

겔 27:7

以埃及文繡之枲布爲
이 애 급 문 수 지 시 포 위

帆爲旅、
범 위 려

以以利沙島藍紫之布
이 이 리 사 도 람 자 지 포

爲幬、
위 주

겔 27:8

西頓亞發居民、
서돈아발거민

爲爾舟子、
위이주자

推羅乎、
추라호

爾之哲人、
이지철인

爲爾鄕導、
위이향도

겔 27:9

迦巴勒之耆老、
가파륵지기로

與其達人、
여기달인

彌爾舟隙、
미이주극

海舶及其舟人、
해박급기주인

通商於爾中、
통상어이중

겔 27:10

波斯路德弗人、
파사로덕불인

在爾行伍、
재 이 행 오

爲爾戰士、
위 이 전 사

於爾邑中、
어 이 읍 중

懸干及胄、
현 간 급 주

顯爾華美、
현 이 화 미

겔27:11

亞發人與爾軍旅、
아 발 인 여 이 군 려

環爾城垣、
환 이 성 원

勇士守爾戍樓、
용 사 수 이 수 루

城上四周懸干、
성 상 사 주 현 간

成爾華美、
성 이 화 미

겔27:12

因爾富有、
인 이 부 유

他施與爾通商、
타 시 여 이 통 상

以銀鐵錫鉛、
이 은 철 석 연

易爾貨品、
역 이 화 품

겔 27:13

雅完土巴米設與爾通
아 완 토 파 미 설 여 이 통

商、
상

販鬻人口、
판 죽 인 구

及銅器、
급 동 기

易爾貨品、
역 이 화 품

겔 27:14

陀迦瑪族以馬戰馬與
타 가 마 족 이 마 전 마 여

騾、
라

易爾貨品、
역 이 화 품

겔 27:15

底但人與爾貿易、
저 단 인 여 이 무 역

諸島與爾通商、
제 도 여 이 통 상

以象牙烏木易爾貨
이 상 아 오 목 역 이 화

品、
품

겔 27:16

因爾製造甚多、
인 이 제 조 심 다

亞蘭與爾通商、
아 란 여 이 통 상

以碧玉紫布、
이 벽 옥 자 포

文繡細枲、
문 수 세 시

珊瑚紅玉、
산 호 홍 옥

易爾貨品、
역 이 화 품

겔 27:17

猶大以色列地、
유 대 이 색 열 지

與爾貿易、
여 이 무 역

以米匿之麥、
이 미 닉 지 맥

及餅蜜油乳香、
급 병 밀 유 유 향

易爾貨品、
역 이 화 품

겔 27:18

因爾製造甚多、
인 이 제 조 심 다

貨財豐盛、
화 재 풍 성

大馬色以黑本之酒、
대 마 색 이 흑 본 지 주

白羊之毛、
백 양 지 모

與爾貿易、
여 이 무 역

겔 27:19

威但與雅完、
위 단 여 아 완

以線易爾貨品、
이 선 역 이 화 품

中有光鐵、
중 유 광 철

肉桂菖蒲、
육 계 창 포

겔 27:20

底但以被馬之繢罽、
저 단 이 피 마 지 궤 계

與爾貿易、
여 이 무 역

겔 27:21

亞拉伯及基達牧伯、
아 랍 백 급 기 달 목 백

與爾通商、
여 이 통 상

以羔羊、
이 고 양

牡綿羊、
모 면 양

及山羊、
급 산 양

與爾貿易、
여 이 무 역

겔 27:22

示巴拉瑪商賈、
시 파 랍 마 상 가

與爾通商、
여 이 통 상

以上等之香品、
이 상 등 지 향 품

寶玉及金、
보 옥 급 금

易爾貨品、
역 이 화 품

겔 27:23

哈蘭干尼伊甸、
합 란 간 니 이 전

及示巴亞述基抹商
급 시 파 아 술 기 말 상

賈、
가

與爾通商、
여 이 통 상

겔 27:24

彼以上等貨品、
피 이 상 등 화 품

紫衣文繡、
자 의 문 수

盛以香柏之匱、
성 이 향 백 지 궤

繫以繩索、
계 이 승 색

與爾貿易、
여 이 무 역

겔 27:25

他施諸舟、
타 시 제 주

爲爾載物、
위 이 재 물

爾則豐富、
이 칙 풍 부

大得尊榮於海中、
대 득 존 영 어 해 중

겔 27:26

爾之舟子引爾於大水、
이 지 주 자 인 이 어 대 수

東風破爾於海中、
동 풍 파 이 어 해 중

겔 27:27

爾淪亡之日、
이 륜 망 지 일

爾之豐富、
이 지 풍 부

貨財品物、
화 재 품 물

爲舟子者、
위 주 자 자

爲鄉導者、
위 향 도 자

彌舟隙者、
미 주 극 자

商賈戰士、
상 가 전 사

以及爾中民衆、
이 급 이 중 민 중

俱溺於海、
구 닉 어 해

겔 27:28

鄉導呼號、
향 도 호 호

波濤澎湃、
파 도 팽 배

겔 27:29

凡撥櫂者、
범 발 도 자

舟子鄉導、
주 자 향 도

必去舟而立於岸、
필 거 주 이 립 어 안

겔 27:30

爲爾痛哭、
위 이 통 곡

其聲遠聞、
기 성 원 문

蒙塵於首、
몽 진 어 수

輾轉於灰、
전 전 어 회

겔 27:31

爲爾自髡、
위 이 자 곤

以麻束腰、
이 마 속 요

痛心哭泣、
통 심 곡 읍

備極悲哀、
비 극 비 애

겔 27:32

爲爾號咷、
위 이 호 도

必作哀歌、
필 작 애 가

哭曰、
곡 왈

推羅寂寞於海、
추 라 적 막 어 해

孰與之比擬乎、
숙 여 지 비 의 호

겔 27:33

爾之貨品、
이 지 화 품

自海而出、
자 해 이 출

使多國充足、
사 다 국 충 족

因爾財物豐盛、
인 이 재 물 풍 성

俾地上列王富饒、
비 지 상 열 왕 부 요

겔 27:34

爾破壞於海之深處、
이 파 괴 어 해 지 심 처

財物民衆、
재 물 민 중

與爾偕沈、
여 이 해 침

겔 27:35

海島居民、
해 도 거 민

爲爾駭異、
위 이 해 이

其王恐懼、
기 왕 공 구

憂形於色、
우 형 어 색

겔 27:36

列邦商賈、
열 방 상 가

咸爲嗤笑、
함 위 치 소

爾歸滅沒、
이 귀 멸 몰

永不復振、
영 불 복 진

以西結書 第二十八章
이 서 결 서 제 이 십 팔 장

겔 28:1

耶和華諭我曰、
야 화 화 유 아 왈

겔 28:2

人子歟、
인 자 여

當謂推羅君曰、
당 위 추 라 군 왈

主耶和華云、
주 야 화 화 운

爾心驕泰、
이 심 교 태

自謂我爲祅上帝、
자 위 아 위 천 상 제

坐祅上帝之位於海
좌 천 상 제 지 위 어 해

中、
중

居心同乎祅上帝、
거 심 동 호 천 상 제

爾仍爲人、
이 잉 위 인

非祅上帝也、
비 천 상 제 야

겔 28:3

爾智過於但以理、
이 지 과 어 단 이 리

無所隱於汝、
무 소 은 어 여

겔 28:4

以爾智慧明哲、
이 이 지 혜 명 철

而得貨財、
이 득 화 재

藏金銀於府庫、
장 금 은 어 부 고

겔 28:5

以大智暨貿易、
이 대 지 기 무 역

增益富厚、
증 익 부 후

因而中心驕泰、
인 이 중 심 교 태

겔 28:6

故主耶和華曰、
고 주 야 화 화 왈

因爾居心同乎祆上帝、
인 이 거 심 동 호 천 상 제

겔 28:7

我必使異邦人、
아 필 사 이 방 인

卽列國之强暴者至、
즉 열 국 지 강 폭 자 지

彼必拔刃、
피 필 발 인

毀爾智慧之美、
훼 이 지 혜 지 미

汚蔑爾之榮光、
오 멸 이 지 영 광

겔 28:8

使爾陷於坎阱、
사 이 함 어 감 정

如被戮者沒於海中、
여 피 륙 자 몰 어 해 중

겔 28:9

爾豈得謂殺爾者曰、
이 기 득 위 살 이 자 왈

我爲祆上帝乎、
아 위 천 상 제 호

爾在戕爾者之手、
이 재 장 이 자 지 수

則爲人、
칙 위 인

非祆上帝矣、
비 천 상 제 의

겔 28:10

爾必死於外人之手、
이 필 사 어 외 인 지 수

與未受割者同、
여 미 수 할 자 동

主耶和華曰、
주 야 화 화 왈

我言之矣、○
아 언 지 의

겔 28:11

耶和華諭我曰、
야 화 화 유 아 왈

겔 28:12

人子歟、
인 자 여

當爲推羅王作哀歌、
당 위 추 라 왕 작 애 가

謂之曰、
위 지 왈

主耶和華云、
주 야 화 화 운

爾純全如玉印、
이 순 전 여 옥 인

智慧充足、
지 혜 충 족

美麗完備、
미 려 완 비

겔 28:13

爾 居 於 伊 甸 祆 上 帝
이 거 어 이 전 천 상 제

囿、
유

以 珍 寶 爲 飾、
이 진 보 위 식

卽 瑪 瑙、
즉 마 노

淡 黃 玉、
담 황 옥

金 鋼 石、
금 강 석

水 蒼 玉、
수 창 옥

碧 玉、
벽 옥

璧 玉、
벽 옥

藍 玉、
람 옥

青 玉、
청 옥

蔥 珩、
총 형

及 金、
급 금

爾受造之日、
이 수 조 지 일

鼗簫兼備、
도 소 겸 비

겔28:14

爾爲基路伯、
이 위 기 로 백

展翼以覆庇、
전 익 이 복 비

我置爾於祆上帝聖
아 치 이 어 천 상 제 성

山、
산

遊於光輝寶玉之間、
유 어 광 휘 보 옥 지 간

겔28:15

爾自受造之日、
이 자 수 조 지 일

所爲完全、
소 위 완 전

迨著爾之不義、
태 저 이 지 불 의

겔28:16

爾因貿易之盛、
이 인 무 역 지 성

遂行強暴、
수 행 강 폭

而干罪戾、
이 간 죄 려

我則視爾爲汚、
아 칙 시 이 위 오

逐爾出祆上帝之山、
축 이 출 천 상 제 지 산

展翼之基路伯乎、
전 익 지 기 로 백 호

我滅爾於光輝寶玉之
아 멸 이 어 광 휘 보 옥 지

間、
간

겔 28:17

爾因美麗、
이 인 미 려

中心驕泰、
중 심 교 태

爾之榮光、
이 지 영 광

敗爾智慧、
패 이 지 혜

我必僕爾於地、
아 필 복 이 어 지

置爾於列王前、
치 이 어 열 왕 전

爲其目覩、
위 기 목 도

겔28:18

爾罪衆多、
이 죄 중 다

貿易不公、
무 역 불 공

汚爾聖所、
오 이 성 소

故我使火出自爾中、
고 아 사 화 출 자 이 중

滅爾成灰於地、
멸 이 성 회 어 지

俾衆目覩、
비 중 목 도

겔28:19

列邦素識爾者、
열 방 소 식 이 자

咸爲駭異、
함 위 해 이

爾歸滅沒、
이 귀 멸 몰

永不復振、○
영 불 복 진

겔 28:20
耶和華諭我曰、
야 화 화 유 아 왈

겔 28:21
人子歟、
인 자 여
其面西頓而預言、
기 면 서 돈 이 예 언

겔 28:22
曰、
왈
主耶和華云、
주 야 화 화 운
西頓乎、
서 돈 호
我爲爾敵、
아 위 이 적
必得榮於爾中、
필 득 영 어 이 중
我旣行鞫於爾、
아 기 행 국 어 이
顯己爲聖、
현 기 위 성

衆則知我乃耶和華、
중 칙 지 아 내 야 화 화

겔28:23

我必使疫與血、
아 필 사 역 여 혈

遍爾逵衢、
편 이 규 구

傷者仆於其中、
상 자 부 어 기 중

鋒刃四周臨之、
봉 인 사 주 림 지

則知我乃耶和華、
칙 지 아 내 야 화 화

겔28:24

昔以色列家、
석 이 색 열 가

爲四周列國所藐視、
위 사 주 열 국 소 막 시

刺之如棘、
자 지 여 극

傷之如莿、
상 지 여 자

後不復有、
후 불 복 유

則知我乃主耶和華、
칙 지 아 내 주 야 화 화

○

겔 28:25

主耶和華曰、
주 야 화 화 왈

我集以色列家自所散
아 집 이 색 열 가 자 소 산

至之民中、
지 지 민 중

顯己爲聖、
현 기 위 성

使列邦目覩、
사 열 방 목 도

彼必居於故土、
피 필 거 어 고 토

卽我所賜我僕雅各之
즉 아 소 사 아 복 아 각 지

地、
지

겔 28:26

彼安居於其中、
피 안 거 어 기 중

我旣行鞫於四方藐視
아 기 행 국 어 사 방 막 시

之者、
지 자

彼必建第宅、
피 필 건 제 댁

栽葡萄園、
재 포 도 원

宴然居處、
연 연 거 처

則知我乃耶和華、
칙 지 아 내 야 화 화

彼之祆上帝也、
피 지 천 상 제 야

以西結書 第二十九章
이 서 결 서 제 이 십 구 장

겔 29:1

十年十月十二日、
십 년 십 월 십 이 일

耶和華諭我曰、
야 화 화 유 아 왈

겔 29:2

人子歟、
인 자 여

其面埃及王法老、
기 면 애 급 왕 법 로

及埃及四境而預言
급 애 급 사 경 이 예 언

曰、
왈

겔 29:3

主耶和華云、
주 야 화 화 운

埃及王法老乎、
애 급 왕 법 로 호

我爲爾敵、
아 위 이 적

爾乃巨鱷、
이 내 거 악

臥於河中、
와 어 하 중

自謂河爲我有、
자 위 하 위 아 유

我爲己造之、
아 위 기 조 지

겔 29:4

我必以鉤貫爾之頰、
아 필 이 구 관 이 지 협

使河中之魚、
사 하 중 지 어

附於爾鱗、
부 어 이 린

曳爾及附鱗之魚、
예 이 급 부 린 지 어

俱出於河、
구 출 어 하

겔 29:5

擲爾及爾河中之魚於
척 이 급 이 하 중 지 어 어

野、
야

仆於田間、
부 어 전 간

不集不斂、
불 집 불 렴

必付爾於地之走獸、
필 부 이 어 지 지 주 수

天之飛鳥、
천 지 비 조

爲其所食、
위 기 소 식

겔 29:6

埃及居民、
애 급 거 민

則知我乃耶和華、
칙 지 아 내 야 화 화

蓋埃及人、
개 애 급 인

爲以色列家所恃之葦
위 이 색 열 가 소 시 지 위

杖、
장

겔 29:7

彼執爾於手、
피 집 이 어 수

爾則斷折、
이 칙 단 절

致傷其肩、
치 상 기 견

彼倚爾時、
피 의 이 시

爾則斷折、
이 칙 단 절

致閃其腰、
치 섬 기 요

겔 29:8

故主耶和華曰、
고 주 야 화 화 왈

我必使刃臨爾、
아 필 사 인 림 이

絕爾人畜、
절 이 인 축

겔 29:9

因埃及王自謂、
인 애 급 왕 자 위

河爲我有、
하 위 아 유

乃我所造、
내 아 소 조

埃及地必凄涼荒廢、
애 급 지 필 처 량 황 폐

則知我乃耶和華、
칙 지 아 내 야 화 화

겔 29:10

我乃敵爾、
아 내 적 이

及爾諸河、
급 이 제 하

必使埃及地荒廢凄
필 사 애 급 지 황 폐 처

涼、
량

自密奪至色弗尼、
자 밀 탈 지 색 불 니

延及古實界、
연 급 고 실 계

겔 29:11

人足不履之、
인 족 불 리 지

獸蹄不經之、
수 제 불 경 지

無人居處、
무 인 거 처

歷四十年、
력 사 십 년

겔 29:12

我必使埃及地荒蕪、
아 필 사 애 급 지 황 무

列於荒蕪之國、
열 어 황 무 지 국

其邑毁壞、
기 읍 훼 괴

列於毁壞之邑、
열 어 훼 괴 지 읍

歷四十年、
력 사 십 년

使埃及人散於異邦、
사 애 급 인 산 어 이 방

分於列國、
분 어 열 국

겔29:13

主耶和華曰、
주 야 화 화 왈

越四十年、
월 사 십 년

我必集埃及人、
아 필 집 애 급 인

使離分散而至之民、
사 리 분 산 이 지 지 민

겔29:14

反其俘囚、
반 기 부 수

俾歸巴忒羅地、
비 귀 파 특 라 지

乃其故土、
내 기 고 토

在彼爲卑微之邦、
재 피 위 비 미 지 방

겔29:15

卽列國中之至卑者、
즉 열 국 중 지 지 비 자

不復振興、
불 복 진 흥

超越諸邦、
초 월 제 방

我必減其人數、
아 필 감 기 인 수

俾其不再統轄諸國、
비 기 불 재 통 할 제 국

겔29:16

不復爲以色列家所
불 복 위 이 색 열 가 소

賴、
뢰

以色列家若仰望之、
이 색 열 가 약 앙 망 지

必憶其罪、
필 억 기 죄

而知我乃主耶和華、
이 지 아 내 주 야 화 화

○

겔29:17

二十七年正月朔、
이 십 칠 년 정 월 삭

耶和華諭我曰、
야 화 화 유 아 왈

겔29:18

人子歟、
인 자 여

巴比倫王尼布甲尼
파 비 륜 왕 니 포 갑 니

撒、
살

遣師以攻推羅、
견 사 이 공 추 라

乃爲大役、
내 위 대 역

故皆髡首破肩、
고 개 곤 수 파 견

而王及軍旅、
이 왕 급 군 려

未得攻推羅之犒勞、
미 득 공 추 라 지 호 로

겔29:19

故主耶和華曰、
고 주 야 화 화 왈

我必以埃及地、
아 필 이 애 급 지

賜巴比倫王尼布甲尼
사 파 비 륜 왕 니 포 갑 니

撒、
살

彼必虜其庶民、
피 필 로 기 서 민

掠其財物、
략 기 재 물

奪其所獲、
탈 기 소 획

以犒其軍、
이 호 기 군

겔 29:20

彼爲我供役、
피 위 아 공 역

我以埃及地賜之、
아 이 애 급 지 사 지

以爲賞勞、
이 위 상 로

主耶和華言之矣、○
주 야 화 화 언 지 의

겔 29:21

是時、
시 시

我必使以色列家萌一
아 필 사 이 색 열 가 맹 일

角、
각

俾爾啟口於其中、
비 이 계 구 어 기 중

彼則知我乃耶和華、
피 칙 지 아 내 야 화 화

以西結書 第三十章
이 서 결 서 제 삼 십 장

겔 30:1
耶和華諭我曰、
야 화 화 유 아 왈

겔 30:2
人子歟、
인 자 여

爾其預言曰、
이 기 예 언 왈

主耶和華云、
주 야 화 화 운

爾其號咷曰、
이 기 호 도 왈

哀哉斯日、
애 재 사 일

겔 30:3
其日伊邇、
기 일 이 이

耶和華之日將屆、
야 화 화 지 일 장 계

乃密雲之日、
내 밀 운 지 일

異邦之期、
이 방 지 기

겔 30:4

鋒刃必臨於埃及、
봉 인 필 림 어 애 급

其人被殺而僕、
기 인 피 살 이 복

古實慘怛、
고 실 참 달

民衆被虜、
민 중 피 로

基址傾毀、
기 지 경 훼

겔 30:5

古實、
고 실

弗、
불

路德、
로 덕

與雜族之人、
여 잡 족 지 인

及古巴與同盟國之
급 고 파 여 동 맹 국 지

衆、
중

偕亡於刃、○
해 망 어 인

겔 30:6

耶和華曰、
야 화 화 왈

扶持埃及者必蹶、
부 지 애 급 자 필 궐

埃及恃力之高傲必
애 급 시 력 지 고 오 필

降、
강

自密奪至色弗尼、
자 밀 탈 지 색 불 니

俱仆於刃、
구 부 어 인

主耶和華言之矣、
주 야 화 화 언 지 의

겔 30:7

彼必荒蕪、
피 필 황 무

列於荒蕪之國、
열 어 황 무 지 국

其邑毀壞、
기 읍 훼 괴

列於毀壞之邑、
열 어 훼 괴 지 읍

겔 30:8

我燃火於埃及、
아 연 화 어 애 급

殲滅凡助之者、
섬 멸 범 조 지 자

彼則知我乃耶和華、
피 즉 지 아 내 야 화 화

겔 30:9

是日我必遣使駕舟、
시 일 아 필 견 사 가 주

令安居之古實人震
령 안 거 지 고 실 인 진

驚、
경

加以慘怛、
가 이 참 달

同於埃及遘災之日、
동 어 애 급 구 재 지 일

其事伊邇、○
기 사 이 이

겔30:10

主耶和華曰、
주 야 화 화 왈

我必藉巴比倫王尼布
아 필 자 파 비 륜 왕 니 포

甲尼撒之手、
갑 니 살 지 수

滅絶埃及之衆、
멸 절 애 급 지 중

겔30:11

彼必率其民衆、
피 필 솔 기 민 중

卽列邦之强暴者、
즉 열 방 지 강 폭 자

入滅斯土、
입 멸 사 토

拔刃以攻埃及、
발 인 이 공 애 급

被殺者遍於其地、
피 살 자 편 어 기 지

겔30:12

我必涸其諸河、
아 필 학 기 제 하

鬻其地於惡人之手、
죽 기 지 어 악 인 지 수

亦藉外人之手、
역 자 외 인 지 수

荒蕪其地、
황 무 기 지

滅其所有、
멸 기 소 유

我耶和華言之矣、○
아 야 화 화 언 지 의

겔 30:13

主耶和華曰、
주 야 화 화 왈

我必毁其偶像、
아 필 훼 기 우 상

絕其神像於挪弗、
절 기 신 상 어 나 불

埃及不復有君、
애 급 불 복 유 군

其地震驚、
기 지 진 경

我使之然、
아 사 지 연

겔30:14

我必荒蕪巴忒羅、
아 필 황 무 파 특 라

燃火於瑣安、
연 화 어 쇄 안

行鞫於挪、
행 국 어 나

겔30:15

傾我怒於訓、
경 아 노 어 훈

卽埃及之保障、
즉 애 급 지 보 장

滅絕挪衆、
멸 절 나 중

겔30:16

燃火於埃及、
연 화 어 애 급

訓民慘怛、
훈 민 참 달

挪邑破壞、
나 읍 파 괴

挪弗日遭敵害、
나 불 일 조 적 해

겔30:17

亞文比伯實之少者、
아 운 비 백 실 지 소 자

必仆於刃、
필 부 어 인

邑民被虜、
읍 민 피 로

겔 30:18

我於答比匿、
아 어 답 비 닉

折埃及之軛、
절 애 급 지 액

止其恃力之高傲、
지 기 시 력 지 고 오

斯時日光斂曜、
사 시 일 광 렴 요

密雲覆邑子女被虜、
밀 운 복 읍 자 녀 피 로

겔 30:19

如是行鞫於埃及、
여 시 행 국 어 애 급

彼則知我乃耶和華、
피 칙 지 아 내 야 화 화

○

겔 30:20

十一年正月七日、
십 일 년 정 월 칠 일

耶和華諭我曰、
야 화 화 유 아 왈

겔 30:21
人子歟、
인 자 여

我已折埃及王法老之
아 이 절 애 급 왕 법 로 지

肱、
굉

不裹其傷、
불 과 기 상

不敷以藥、
불 부 이 약

不纏以布、
불 전 이 포

俾其無力執刃、
비 기 무 력 집 인

겔 30:22
故主耶和華曰、
고 주 야 화 화 왈

我與埃及王法老爲
아 여 애 급 왕 법 로 위

敵、
적

必折其二肱、
필 절 기 이 굉

健者傷者、
건 자 상 자

今並折之、
금 병 절 지

使刃墮於其手、
사 인 타 어 기 수

겔 30:23

俾埃及人散於列國、
비 애 급 인 산 어 열 국

分於異邦、
분 어 이 방

겔 30:24

堅巴比倫王之肱、
견 파 비 륜 왕 지 굉

付我刃於其手、
부 아 인 어 기 수

折法老之肱、
절 법 로 지 굉

使呻吟於其前、
사 신 음 어 기 전

若人受重傷然、
약 인 수 중 상 연

겔 30:25

我必輔巴比倫王之
아필보파비론왕지
肱、
굉
使法老之肱下垂、
사법로지굉하수
旣以我刃付巴比倫王
기이아인부파비론왕
手、
수
使舉而擊埃及國、
사거이격애급국
則知我乃耶和華、
칙지아내야화화

겔 30:26
我必使埃及人散於列
아필사애급인산어열
國、
국
分於異邦、
분어이방
俾知我乃耶和華、
비지아내야화화

以西結書 第三十一章
이서결서 제삼십일장

겔 31:1

十一年三月朔、
십 일 년 삼 월 삭

耶和華諭我曰、
야 화 화 유 아 왈

겔 31:2

人子歟、
인 자 여

當語埃及王法老、
당 어 애 급 왕 법 로

及其衆曰、
급 기 중 왈

爾之爲大、
이 지 위 대

孰可比擬、
숙 가 비 의

겔 31:3

前者亞述王、
전 자 아 술 왕

爲利巴嫩之香柏、
위 리 파 눈 지 향 백

枝柯繁美、
지 가 번 미

其蔭濃密、
기 음 농 밀

其榦崇高、
기 간 숭 고

其杪入雲、
기 초 입 운

겔 31:4

有水養之、
유 수 양 지

有淵長之、
유 연 장 지

支流四出、
지 류 사 출

灌溉田間諸木、
관 개 전 간 제 목

겔 31:5

惟此香柏、
유 차 향 백

超於田間諸木、
초 어 전 간 제 목

因得水澤、
인 득 수 택

生枝旣繁、
생 지 기 번

發條且長、
발 조 차 장

겔 31:6

飛鳥結巢於其枝、
비 조 결 소 어 기 지

野獸生子於其下、
야 수 생 자 어 기 하

大國之民、
대 국 지 민

居於其蔭、
거 어 기 음

겔 31:7

根盤水濱、
근 반 수 빈

故榦巨枝長、
고 간 거 지 장

其形榮美、
기 형 녕 미

겔 31:8

祆上帝囿之香柏、
천 상 제 유 지 향 백

不能蔽之、
불 능 폐 지

松樹不及其枝、
송 수 불 급 기 지

楓樹不及其柯、
풍 수 불 급 기 가

祆上帝囿中諸木、
천 상 제 유 중 제 목

不得與之媲美、
불 득 여 지 비 미

겔 31:9

我使其枝繁盛、
아 사 기 지 번 성

因而榮美、
인 이 영 미

致祆上帝囿伊甸諸
치 천 상 제 유 이 전 제

木、
목

咸嫉妒之、
함 질 투 지

겔 31:10

主耶和華曰、
주 야 화 화 왈

因其崇高、
인 기 숭 고

其杪入雲、
기 초 입 운

心志驕泰、
심 지 교 태

겔 31:11

我必付於列國强者之
아 필 부 어 열 국 강 자 지

手、
수

彼必處之、
피 필 처 지

因其邪惡、
인 기 사 악

我已逐之、
아 이 축 지

겔 31:12

列國强暴之外人、
열 국 강 폭 지 외 인

斫而去之、
작 이 거 지

其枝墜於陵谷、
기 지 추 어 릉 곡

其柯折於溪濱、
기 가 절 어 계 빈

天下萬民、
천 하 만 민

離其蔭庇而去、
리 기 음 비 이 거

겔 31:13

飛鳥棲其幹上、
비 조 서 기 간 상

野獸伏其枝間、
야 수 복 기 지 간

겔31:14

使水濱諸木、
사 수 빈 제 목

不誇其崇高、
불 과 기 숭 고

其杪不入雲中、
기 초 불 입 운 중

得灌漑之强者、
득 관 개 지 강 자

不復聳立、
불 복 용 립

俱必死亡、
구 필 사 망

偃於下土、
언 어 하 토

至歸墓之人中、○
지 귀 묘 지 인 중

겔31:15

主耶和華曰、
주 야 화 화 왈

彼下陰府之日、
피 하 음 부 지 일

我令人爲之哀悼、
아 령 인 위 지 애 도

我使深淵閉塞、
아 사 심 연 폐 색

河流息、
하 류 식

大水涸、
대 수 학

俾利巴嫩爲之憔顇、
비 리 파 눈 위 지 초 췌

田野諸木因之衰殘、
전 야 제 목 인 지 쇠 잔

겔 31:16

我擲之於陰府、
아 척 지 어 음 부

與歸墓者相偕、
여 귀 묘 자 상 해

列國聞其下墜之聲、
열 국 문 기 하 추 지 성

靡不震動、
미 불 진 동

伊甸諸木、
이 전 제 목

利巴嫩之佳樹、
리 파 눈 지 가 수

凡得灌漑者、
범 득 관 개 자

咸受慰於地之深處、
함 수 위 어 지 지 심 처

겔31:17

彼衆素爲其臂、
피 중 소 위 기 비

於列國中居其蔭下、
어 열 국 중 거 기 음 하

偕之歸於陰府、
해 지 귀 어 음 부

至戮於刃者之所、 ○
지 륙 어 인 자 지 소

겔31:18

爾之榮耀威嚴、
이 지 영 요 위 엄

伊甸諸木、
이 전 제 목

孰可比擬、
숙 가 비 의

然必偕同伊甸諸木、
연 필 해 동 이 전 제 목

下墜地之深處、
하 추 지 지 심 처

爾必偃於未受割、
이 필 언 어 미 수 할

而戮於刃者之中、
이 륙 어 인 자 지 중

法老及其民衆若此、
법 로 급 기 민 중 약 차

主耶和華言之矣、
주 야 화 화 언 지 의

以西結書 第三十二章
이 서 결 서 제 상 십 이 장

겔 32:1

十二年十二月朔、
십 이 년 십 이 월 삭

耶和華諭我曰、
야 화 화 유 아 왈

겔 32:2

人子歟、
인 자 여

當爲埃及王法老作哀
당 위 애 급 왕 법 로 작 애

歌、
가

謂曰、
위 왈

爾於列國中、
이 어 열 국 중

昔若壯獅、
석 약 장 사

今若海中之鱷、
금 약 해 중 지 악

衝突於爾河、
충 돌 어 이 하

以足攪水、
이 족 교 수

使河渾濁、
사 하 혼 탁

겔 32:3

主耶和華曰、
주 야 화 화 왈

我必率多國之衆、
아 필 솔 다 국 지 중

張我罟以網爾、
장 아 고 이 망 이

曳爾而上、
예 이 이 상

겔 32:4

委爾於地、
위 이 어 지

擲爾於野、
척 이 어 야

使空中諸鳥、
사 공 중 제 조

棲於爾上、
서 어 이 상

全地之獸、
전 지 지 수

食爾而飽、
식 이 이 포

겔 32:5

以爾肉置於山、
이 이 육 치 어 산

以爾身填於谷、
이 이 신 전 어 곡

겔 32:6

以爾血灌爾遊泳之
이 이 혈 관 이 유 영 지

地、
지

延及諸山、
연 급 제 산

充乎谿澗、
충 호 계 간

겔 32:7

我滅爾時、
아 멸 이 시

必蔽諸天、
필 폐 제 천

使星昏暗、
사 성 혼 암

以雲掩日、
이 운 엄 일

令月無光、
령 월 무 광

겔 32:8

我使天之輝光昏暗、
아 사 천 지 휘 광 혼 암

布晦冥於爾地、
포 회 명 어 이 지

主耶和華言之矣、
주 야 화 화 언 지 의

겔 32:9

我以爾之敗亡、
아 이 이 지 패 망

加於爾所未識之國、
가 어 이 소 미 식 지 국

則擾多民之心、
칙 요 다 민 지 심

겔 32:10

諸民爲爾駭愕、
제 민 위 이 해 악

其王於我揮刃之日、
기 왕 어 아 휘 인 지 일

爲爾戰慄不已、
위 이 전 률 불 이

當爾顚仆之日、
당 이 전 부 지 일

衆必顧其生命、
중 필 고 기 생 명

時切恐惶、
시 설 공 황

겔 32:11

主耶和華曰、
주 야 화 화 왈

巴比倫王之刃必及
파 비 륜 왕 지 인 필 급

爾、
이

겔 32:12

我必使爾衆仆於武士
아 필 사 이 중 부 어 무 사

之刃、
지 인

彼乃列國之强暴、
피 내 열 국 지 강 폭

必滅埃及之驕泰、
필 멸 애 급 지 교 태

殲其民衆、
섬 기 민 중

겔 32:13

我必屠其河濱羣畜、
아 필 도 기 하 빈 군 축

人足獸蹄、
인 족 수 제

不復渾濁其水、
불 복 혼 탁 기 수

겔 32:14

使水澄淸、
사 수 징 청

河流若油、
하 류 약 유

主耶和華言之矣、
주 야 화 화 언 지 의

겔 32:15

我使埃及荒蕪凄凉、
아 사 애 급 황 무 처 량

絕其所盈、
절 기 소 영

滅其居民、
멸 기 거 민

彼則知我乃耶和華、
피 칙 지 아 내 야 화 화

겔 32:16

主耶和華曰、
주 야 화 화 왈

是乃哀歌、
시 내 애 가

列邦諸女、
열 방 제 녀

必爲埃及、
필 위 애 급

與其民衆、
여 기 민 중

以此悼之、 ○
이 차 도 지

겔 32:17

十二年望日、
십 이 년 망 일

耶和華諭我曰、
야 화 화 유 아 왈

겔 32:18

人子歟、
인 자 여

當爲埃及民衆哀悼、
당 위 애 급 민 중 애 도

且與名邦之女、
차 여 명 방 지 녀

陷之於地之深處、
함 지 어 지 지 심 처

與入墓之人相偕、
여 입 묘 지 인 상 해

겔 32:19

曰、
왈

爾美於誰、
이 미 어 수

其下而與未受割者並
기 하 이 여 미 수 할 자 병

列、
열

겔 32:20

彼必仆於爲刃所戮者
피 필 부 어 위 인 소 륙 자

之中、
지 중

刃已出鞘、
인 이 출 초

當曳彼及其衆而去、
당 예 피 급 기 중 이 거

겔 32:21

武士之强者、
무 사 지 강 자

必自陰府、
필 자 음 부

與彼及助之者言曰、
여 피 급 조 지 자 언 왈

未受割而戮於刃者、
미 수 할 이 륙 어 인 자

亦下此而靜臥焉、
역 하 차 이 정 와 언

겔 32:22

亞述及其民衆在此、
아 술 급 기 민 중 재 차

俱被戮而仆於刃者、
구 피 륙 이 부 어 인 자

其塚遍於四周、
기 총 편 어 사 주

겔 32:23

斯塚列於深坑、
사 총 열 어 심 갱

其衆環之、
기 중 환 지

生時令人恐懼、
생 시 령 인 공 구

今被戮而仆於刃、
금 피 륙 이 부 어 인

겔 32:24

以攔在此、
이 란 재 차

其衆環於其塚、
기 중 환 어 기 총

乃被戮而仆於刃、
내 피 륙 이 부 어 인

未受割而入地之深處
미 수 할 이 입 지 지 심 처

者、
자

生時令人恐懼、
생 시 령 인 공 구

今與入墓之人、
금 여 입 묘 지 인

同蒙羞恥、
동 몽 수 치

겔 32:25

彼及其衆之牀、
피 급 기 중 지 상

設於被戮者中、
설 어 피 륙 자 중

其塚遍於四周、
기 총 편 어 사 주

皆未受割而戮於刃
개 미 수 할 이 륙 어 인

者、
자

生時令人恐懼、
생 시 령 인 공 구

今與入墓之人、
금 여 입 묘 지 인

同蒙羞恥、
동 몽 수 치

以攔列於被戮者中、
이 란 열 어 피 륙 자 중

겔 32:26

米設土巴及其民衆在
미 설 토 파 급 기 민 중 재

此、
차

其塚遍於四周、
기 총 편 어 사 주

皆未受割而戮於刃者、
개미수할이륙어인자

以其生時令人恐懼也、
이기생시령인공구야

겔 32:27
未受割之勇士、
미수할지용사
下於陰府、
하어음부
攜其軍械、
휴기군계
首枕刀劍、
수침도검
白骨負罪、
백골부죄
米設土巴必不與之同臥、
미설토파필불여지동와
以其生時爲武士所懼
이기생시위무사소구

也、
야

겔 32:28
爾必折於未受割者之
이 필 절 어 미 수 할 자 지
中、
중
與戮於刃者同臥、
여 륙 어 인 자 동 와

겔 32:29
以東及其君王牧伯在
이 동 급 기 군 왕 목 백 재
此、
차
昔雖剛强、
석 수 강 강
今與戮於刃者並列、
금 여 륙 어 인 자 병 열
彼與未受割而入墓者
피 여 미 수 할 이 입 묘 자
同臥、
동 와

겔 32:30
北方諸王、
북 방 제 왕

及西頓民衆在此、
금 서 돈 민 중 재 차

彼與被戮者偕下、
피 여 피 륙 자 해 하

昔雖剛强、
석 수 강 강

使人恐懼、
사 인 공 구

今蒙羞恥、
금 몽 수 치

彼未受割、
피 미 수 할

與戮於刃者同臥、
여 륙 어 인 자 동 와

且與入墓之人、
차 여 입 묘 지 인

同負羞辱、
동 부 수 욕

겔 32:31

法老及其軍旅、
법 로 급 기 군 려

俱戮於刃、
구 륙 어 인

目擊彼衆、
목 격 피 중

則受慰藉、
칙 수 위 자

主耶和華言之矣、
주 야 화 화 언 지 의

겔 32:32

法老在生人之地、
법 로 재 생 인 지 지

令人恐懼、
령 인 공 구

我使之然、
아 사 지 연

彼及軍旅、
피 급 군 려

必與未受割、
필 여 미 수 할

而戮於刃者同列、
이 륙 어 인 자 동 열

主耶和華言之矣、
주 야 화 화 언 지 의

以西結書 第三十三章
이 서 결 서 제 상 십 상 장

겔 33:1

耶和華諭我曰、
야 화 화 유 아 왈

겔 33:2

人子歟、
인 자 여

謂爾民族曰、
위 이 민 족 왈

我若使刃臨於一邦、
아 약 사 인 림 어 일 방

是邦之民、
시 방 지 민

簡其中一人、
간 기 중 일 인

立爲戍卒、
립 위 수 졸

겔 33:3

彼見刃將至、
피 견 인 장 지

吹角以警民、
취 각 이 경 민

겔 33:4

凡聞角聲、
범 문 각 성

不受警戒、
불 수 경 계

刃至而殺之、
인 지 이 살 지

其血必歸於己首、
기 혈 필 귀 어 기 수

겔 33:5

旣聞角聲、
기 문 각 성

不受警戒、
불 수 경 계

其血必歸於己、
기 혈 필 귀 어 기

若受警戒、
약 수 경 계

則得自救其命、
칙 득 자 구 기 명

겔 33:6

如戍卒見刃將至、
여 수 졸 견 인 장 지

不吹角以警民、
불 취 각 이 경 민

刃至而殺人、
인 지 이 살 인

其人死於其罪、
기 인 사 어 기 죄

而我必索其血於戍
이 아 필 색 기 혈 어 수

卒、
졸

겔 33:7

人子歟、
인자여

我立爾爲以色列家之
아립이위이색열가지

戍卒、
수졸

其聽我口所言、
기청아구소언

爲我警之、
위아경지

겔 33:8

我語惡人曰、
아어악인왈

惡者乎、
악자호

爾必死、
이필사

如爾不警之、
여이불경지

使離其道、
사리기도

惡人必死於其罪、
악 인 필 사 어 기 죄

而我必索其血於爾、
이 아 필 색 기 혈 어 이

겔 33:9

如爾警惡人、
여 이 경 악 인

使離其道、
사 리 기 도

彼不轉而離之、
피 불 전 이 리 지

必死於其罪、
필 사 어 기 죄

惟爾得救己命、 ○
유 이 득 구 기 명

겔 33:10

人子歟、
인 자 여

謂以色列家云、
위 이 색 열 가 운

爾曰、
이 왈

我儕任愆尤、
아 제 임 건 우

負罪戾、
부 죄 려

漸卽消亡、
점 즉 소 망

何能生存、
하 능 생 존

겔 33:11

爾告之曰、
이 고 지 왈

主耶和華云、
주 야 화 화 운

我指己生而誓、
아 지 기 생 이 서

惡人死亡、
악 인 사 망

我所不悅、
아 소 불 열

惟悅惡人轉離其道、
유 열 악 인 전 리 기 도

而得生存、
이 득 생 존

以色列家乎、
이 색 열 가 호

爾其回轉、
이 기 회 전

回轉、
회 전

離爾惡途、
리 이 악 도

何爲自取死亡、
하 위 자 취 사 망

겔 33:12

人子歟、
인 자 여

謂爾民族曰、
위 이 민 족 왈

義人干罪之日、
의 인 간 죄 지 일

其義不能救之、
기 의 불 능 구 지

惡人去惡之日、
악 인 거 악 지 일

其惡不能隕之、
기 악 불 능 운 지

義人干罪之日、
의 인 간 죄 지 일

不能藉其義而得生、
불 능 자 기 의 이 득 생

겔 33:13

我謂義人必生、
아 위 의 인 필 생

如彼自恃其義而行
여 피 자 시 기 의 이 행

惡、
악

則其義行、
칙 기 의 행

俱不見憶、
구 불 견 억

必死於其所犯之罪、
필 사 어 기 소 범 지 죄

겔 33:14

我若謂惡人曰、
아 약 위 악 인 왈

爾必死、
이 필 사

而彼轉離其惡、
이 피 전 리 기 악

循法合理、
순 법 합 리

겔 33:15

反所受之質、
반 소 수 지 질

償所刦之物、
상 소 겁 지 물

遵行生命之典章、
준 행 생 명 지 전 장

不復爲惡、
불 복 위 악

則必得生、
칙 필 득 생

不致死亡、
불 치 사 망

겔 33:16

彼所犯之罪、
피 소 범 지 죄

俱不見憶、
구 불 견 억

彼旣循法合理、
피 기 순 법 합 리

則必得生、
칙 필 득 생

겔 33:17

惟爾民族曰、
유 이 민 족 왈

主道不公、
주 도 불 공

實彼之道不公也、
실 피 지 도 불 공 야

겔33:18

義人轉離其義而行
의 인 전 리 기 의 이 행

惡、
악

必死於其中、
필 사 어 기 중

겔33:19

惡人轉離其惡、
악 인 전 리 기 악

循法合理、
순 법 합 리

則因之而得生、
칙 인 지 이 득 생

겔33:20

惟爾曰、
유 이 왈

主道不公、
주 도 불 공

以色列家乎、
이 색 열 가 호

我必各依所行而鞫
아 필 각 의 소 행 이 국

爾、○
이

겔33:21

我儕被虜之十二年、
아 제 피 로 지 십 이 년

十月五日、
십 월 오 일

有一自耶路撒冷逃逸
유 일 자 야 로 살 랭 도 일

者、
자

詣我曰、
예 아 왈

城陷矣、
성 함 의

겔33:22

逃逸者未至之前夕、
도 일 자 미 지 지 전 석

耶和華感我、
야 화 화 감 아

而啟我口、
이 계 아 구

詰朝逃逸者至、
힐 조 도 일 자 지

我口則啟、
아 구 칙 계

不復緘默、
불 복 함 묵

겔 33:23

耶和華諭我曰、
야 화 화 유 아 왈

겔 33:24

人子歟、
인 자 여

居於以色列地、
거 어 이 색 열 지

荒蕪之處者曰、
황 무 지 처 자 왈

亞伯拉罕僅一人耳、
아 백 랍 한 근 일 인 이

而得斯土、
이 득 사 토

我儕既衆、
아 제 기 중

必得斯土爲業、
필 득 사 토 위 업

겔 33:25

故當告之曰、
고 당 고 지 왈

主耶和華云、
주 야 화 화 운

肉尙有血、
육 상 유 혈

爾曹食之、
이 조 식 지

瞻爾偶像、
첨 이 우 상

流人之血、
유 인 지 혈

豈得據有斯土乎、
기 득 거 유 사 토 호

겔 33:26

爾恃鋒刃、
이 시 봉 인

作可惡之事、
작 가 악 지 사

互玷鄰妻、
호 점 린 처

豈得據有斯土乎、
기 득 거 유 사 토 호

겔 33:27

當告之曰、
당 고 지 왈

主耶和華云、
주 야 화 화 운

我指己生而誓、
아 지 기 생 이 서

居荒蕪之處者、
거 황 무 지 처 자

必仆於刃、
필 부 어 인

居田野者、
거 전 야 자

我必付之於獸噬之、
아 필 부 지 어 수 서 지

居保障及巖穴者、
거 보 장 급 암 혈 자

必斃於疫癘、
필 폐 어 역 려

겔 33:28

我必使斯土荒涼、
아 필 사 사 토 황 량

令人駭異、
령 인 해 이

俾其恃力之驕泰止
비 기 시 력 지 교 태 지

息、
식

以色列山岡荒涼、
이 색 열 산 강 황 량

無人經歷、
무 인 경 력

겔 33:29

緣彼行可惡之事、
연 피 행 가 악 지 사

我使斯土荒涼、
아 사 사 토 황 량

令人駭異、
령 인 해 이

彼則知我乃耶和華、
피 칙 지 아 내 야 화 화

○

겔 33:30

人子歟、
인 자 여

爾民族在垣墉之側、
이 민 족 재 원 용 지 측

門閾之間論爾、
문 역 지 간 론 이

彼此相語曰、
피 차 상 어 왈

其來聽耶和華所出之
기 래 청 야 화 화 소 출 지

言、
언

겔 33:31

彼詣爾所、
피 예 이 소

如民來集、
여 민 래 집

坐於爾前、
좌 어 이 전

若爲我民、
약 위 아 민

聽爾言而不行之、
청 이 언 이 불 행 지

其口多顯仁愛、
기 구 다 현 인 애

心則逐利、
심 칙 축 리

겔 33:32

彼之視爾、
피 지 시 이

若善謳者歌其情詞、
약 선 구 자 가 기 정 사

若善樂者操其妙音、
약 선 악 자 조 기 묘 음

彼聽爾言、
피 청 이 언

而不行之、
이 불 행 지

겔 33:33

所言必成、
소 언 필 성

旣成之時、
기 성 지 시

彼則知有先知在其中
피 칙 지 유 선 지 재 기 중

矣、
의

以西結書 第三十四章
이 서 결 서 제 삼 십 사 장

겔 34:1

耶和華諭我曰、
야 화 화 유 아 왈

겔 34:2

人子歟、
인 자 여

當以預言責以色列之
당 이 예 언 책 이 색 열 지

牧者曰、
목 자 왈

主耶和華云、
주야화화운

以色列之牧者、
이색열지목자

自牧其身、
자목기신

其人禍哉、
기인화재

牧者豈不宜牧其羣羊
목자기불의목기군양

乎、
호

겔 34:3

爾曹食其脂、
이조식기지

衣其毛、
의기모

宰其肥者、
재기비자

而不牧羊、
이불목양

겔 34:4

弱者不扶之、
약자불부지

疾者不醫之、
질 자 불 의 지

受傷者不裹之、
수 상 자 불 과 지

被驅者不反之、
피 구 자 불 반 지

迷亡者不尋之、
미 망 자 불 심 지

乃以強暴嚴酷制之、
내 이 강 폭 엄 혹 제 지

겔 34:5

緣無牧者而散、
연 무 목 자 이 산

旣散、
기 산

則爲野獸所噬、
칙 위 야 수 소 서

겔 34:6

我羊迷於諸山峻嶺、
아 양 미 어 제 산 준 령

散於全地、
산 어 전 지

無人尋覓、
무 인 심 멱

겔 34:7

故爾牧者、
고 이 목 자

其聽耶和華言、
기 청 야 화 화 언

겔 34:8

主耶和華曰、
주 야 화 화 왈

我指己生而誓、
아 지 기 생 이 서

因無牧者、
인 무 목 자

我羊被掠、
아 양 피 략

爲野獸所呑噬、
위 야 수 소 탄 서

我之牧者、
아 지 목 자

不尋我羊、
불 심 아 양

自牧其身、
자 목 기 신

不牧我羊、
불 목 아 양

겔 34:9

故爾牧者、
고 이 목 자

其聽耶和華言、
기 청 야 화 화 언

겔34:10

主耶和華曰、
주 야 화 화 왈

我爲牧者之敵、
아 위 목 자 지 적

必索我羊於其手、
필 색 아 양 어 기 수

使之不得復牧我羊、
사 지 불 득 복 목 아 양

不得自牧其身、
불 득 자 목 기 신

必救我羊脫於其口、
필 구 아 양 탈 어 기 구

不復爲其所食、
불 복 위 기 소 식

겔34:11

主耶和華曰、
주 야 화 화 왈

我必自尋我羊、
아 필 자 심 아 양

躬親覓之、
궁 친 멱 지

겔 34:12
譬彼牧者、
비 피 목 자
羊散之時、
양 산 지 시
則尋覓之、
칙 심 멱 지
我必如是尋覓我羊、
아 필 여 시 심 멱 아 양
救之出於密雲幽暗之日、
구 지 출 어 밀 운 유 암 지 일
所散之地、
소 산 지 지

겔 34:13
我必導之出於異邦、
아 필 도 지 출 어 이 방
集之離乎列國、
집 지 리 호 열 국
使歸故土、
사 귀 고 토

牧之於以色列山岡溪
목 지 어 이 색 열 산 강 계
濱、
빈
及民所居之地、
급 민 소 거 지 지

겔 34:14
我必牧之於芳草之
아 필 목 지 어 방 초 지
場、
장
其牢在以色列高地之
기 뢰 재 이 색 열 고 지 지
山、
산
彼必臥於美牢、
피 필 와 어 미 뢰
牧於腴壤、
목 어 유 양
在以色列山岡、
재 이 색 열 산 강

겔 34:15
主耶和華曰、
주 야 화 화 왈

我必自牧我羊、
아 필 자 목 아 양

使之攸伏、
사 지 유 복

겔 34:16

迷亡者我必尋之、
미 망 자 아 필 심 지

被驅者我必反之、
피 구 자 아 필 반 지

傷者裹之、
상 자 과 지

病者扶之、
병 자 부 지

肥者強者、
비 자 강 자

我必滅之、
아 필 멸 지

以公義牧之、
이 공 의 목 지

겔 34:17

主耶和華曰、
주 야 화 화 왈

我羣羊歟、
아 군 양 여

我必折衷於羊與羊、
아 필 절 충 어 양 여 양

牡綿羊與牡山羊之
모 면 양 여 모 산 양 지

間、
간

겔 34:18

爾食於芳草之場、
이 식 어 방 초 지 장

猶爲細故、
유 위 세 고

而以足蹂躪其餘乎、
이 이 족 유 린 기 여 호

爾飮於清水、
이 음 어 청 수

猶爲細故、
유 위 세 고

而以足渾濁其餘乎、
이 이 족 혼 탁 기 여 호

겔 34:19

我羊食爾足所蹂躪
아 양 식 이 족 소 유 린

者、
자

飮爾足所渾濁者、○
음 이 족 소 혼 탁 자

겔 34:20

主耶和華曰、
주 야 화 화 왈

我必折衷於肥羊瘠羊
아 필 절 충 어 비 양 척 양

間、
간

겔 34:21

因爾以身以肩擠之、
인 이 이 신 이 견 제 지

以角抵其病者、
이 각 저 기 병 자

使散於外、
사 산 어 외

겔 34:22

故我必救我羊、
고 아 필 구 아 양

不復被掠、
불 복 피 략

折衷於羊與羊間、
절 충 어 양 여 양 간

겔 34:23

我必立一牧者以牧之、
아 필 립 일 목 자 이 목 지

卽我僕大衛、
즉 아 복 대 위

彼必牧之、
피 필 목 지

爲其牧者、
위 기 목 자

겔 34:24

我耶和華必爲其祆上帝、
아 야 하 화 필 위 기 천 상 제

我僕大衛爲君於其中、
아 복 대 위 위 군 어 기 중

我耶和華言之矣、
아 야 화 화 언 지 의

겔 34:25

我將與結平和之約、
아 장 여 결 평 화 지 약

絕惡獸於斯土、
절 악 수 어 사 토

使彼安居於野、
사 피 안 거 어 야

寢息於林、
침 식 어 림

겔 34:26

我必錫嘏於彼、
아 필 석 하 어 피

及我山四周、
급 아 산 사 주

降以時雨、
강 이 시 우

沛以福澤之甘霖、
패 이 복 택 지 감 림

겔 34:27

田野之樹結實、
전 야 지 수 결 실

土壤產物、
토 양 산 물

民得安居其地、
민 득 안 거 기 지

我旣折其軛、
아 기 절 기 액

救其脫於所服役者之
구기탈어소복역자지
手、
수
彼則知我乃耶和華、
피칙지아내야화화

겔 34:28

不復爲異邦所虜、
불복위이방소로
野獸所噬、
야수소서
必得安居、
필득안거
無人使之恐怖、
무인사지공포

겔 34:29

我必爲之備具名園、
아필위지비구명원
彼在其地、
피재기지
不復亡於饑饉、
불복망어기근
不負列邦之毀辱、
불부열방지훼욕

겔 34:30

主耶和華曰、
주 야 화 화 왈

彼必知我耶和華、
피 필 지 아 야 화 화

彼之天上帝、
피 지 천 상 제

乃與之偕、
내 여 지 해

以色列家爲我之民、
이 색 열 가 위 아 지 민

겔34:31

爾爲我羊、
이 위 아 양

我場之羊乃爾世人、
아 장 지 양 내 이 세 인

我爲爾之天上帝、
아 위 이 지 천 상 제

主耶和華言之矣、
주 야 화 화 언 지 의

以西結書 第三十五章
이 서 결 서 제 삼 십 오 장

겔35:1

耶和華諭我曰、
야 화 화 유 아 왈

겔 35:2

人子歟、
인 자 여

其面西珥山而預言
기 면 서 이 산 이 예 언

曰、
왈

겔 35:3

主耶和華云、
주 야 화 화 운

西珥山乎、
서 이 산 호

我爲爾敵、
아 위 이 적

必擧手攻爾、
필 거 수 공 이

使爾荒涼、
사 이 황 량

令人駭異、
령 인 해 이

겔 35:4

毁爾城邑、
훼 이 성 읍

使爾荒涼、
사 이 황 량

則知我乃耶和華、
칙 지 아 내 야 화 화

겔 35:5

因爾恆懷仇怨、
인 이 긍 회 구 원

且於以色列族遭難之
차 어 이 색 열 족 조 난 지

時、
시

受罰之際、
수 벌 지 제

付之於刃、
부 지 어 인

겔 35:6

主耶和華曰、
주 야 화 화 왈

我指己生而誓、
아 지 기 생 이 서

我必使爾遭血、
아 필 사 이 조 혈

血必追襲爾、
혈 필 추 습 이

爾旣不惡血、
이 기 불 악 혈

故血必追襲爾也、
고 혈 필 추 습 이 야

겔 35:7

我將使西珥山荒涼、
아 장 사 서 이 산 황 량

令人駭異、
령 인 해 이

往來之人、
왕 래 지 인

絕於其中、
절 어 기 중

겔 35:8

被戮者遍於山岡、
피 륙 자 편 어 산 강

被刃者仆於陵谷溪
피 인 자 부 어 릉 곡 계

澗、
간

겔 35:9

我將使爾恆爲荒墟、
아 장 사 이 긍 위 황 허

爾之城邑、
이 지 성 읍

無人居處、
무 인 거 처

則知我乃耶和華、
칙 지 아 내 야 화 화

겔 35:10

爾曰、
이 왈

此二國二族、
차 이 국 이 족

必歸於我、
필 귀 어 아

爲我所有、
위 아 소 유

第耶和華在彼、
제 야 화 화 재 피

겔 35:11

故主耶和華曰、
고 주 야 화 화 왈

我指己生而誓、
아 지 기 생 이 서

爾以憾恨、
이 이 감 한

而忿嫉我民、
이 분 질 아 민

我必依此待爾、
아 필 의 차 대 이

我鞫爾時、
아 국 이 시

必自顯於其中、
필 자 현 어 기 중

겔 35:12

爾指以色列山岡謗讟
이 지 이 색 열 산 강 방 독

云、
운

彼既荒涼、
피 기 황 량

付我呑噬、
부 아 탄 서

必知我耶和華悉聞斯
필 지 아 야 화 화 실 문 사

言矣、
언 의

겔 35:13

爾以口向我誇大、
이 이 구 향 아 과 대

煩言攻我、
번 언 공 아

我已聞之、
아 이 문 지

겔 35:14

主耶和華曰、
주 야 화 화 왈

全地歡樂之際、
전 지 환 악 지 제

我必使爾荒涼、
아 필 사 이 황 량

겔35:15

爾因以色列族之業荒
이 인 이 색 열 족 지 업 황

涼而喜、
량 이 희

我必依爾所行而報
아 필 의 이 소 행 이 보

爾、
이

西珥山乎、
서 이 산 호

爾及以東全地、
이 급 이 동 전 지

必皆荒涼、
필 개 황 량

則知我乃耶和華、
칙 지 아 내 야 화 화

以西結書 第三十六章
이 서 결 서 제 삼 십 육 장

겔 36:1

人子歟、
인 자 여

當對以色列山岡預言
당 대 이 색 열 산 강 예 언

曰、
왈

以色列山岡乎、
이 색 열 산 강 호

其聽耶和華言、
기 청 야 화 화 언

겔 36:2

主耶和華曰、
주 야 화 화 왈

敵指爾云、
적 지 이 운

嘻嘻、
희 희

上古之高地、
상 고 지 고 지

爲我所有、
위 아 소 유

겔 36:3

故爾當預言曰、
고 이 당 예 언 왈

主耶和華云、
주 야 화 화 운

敵人使爾荒涼、
적 인 사 이 황 량

四周呑噬、
사 주 탄 서

俾爲列國遺民之業、
비 위 열 국 유 민 지 업

爲喋喋者談論、
위 첩 첩 자 담 론

被人毁謗、
피 인 훼 방

겔 36:4

以色列山岡歟、
이 색 열 산 강 여

宜聽主耶和華言、
의 청 주 야 화 화 언

主耶和華告諸山岡澗谷、
주 야 화 화 고 제 산 강 간 곡

荒蕪之區、
황 무 지 구

委棄之邑、
위 기 지 읍

爲四周列國遺民所刦
위 사 주 열 국 유 민 소 겁

掠譏誚者、
략 기 조 자

겔 36:5

主耶和華云、
주 야 화 화 운

列國遺民及以東全
열 국 유 민 급 이 동 전

地、
지

滿心喜樂、
만 심 희 악

衷懷輕藐、
충 회 경 막

據有我地、
거 유 아 지

驅逐居民、
구 축 거 민

刦掠殆盡、
겁 략 태 진

故我忌嫉、
고 아 기 질

憤烈若火、
분 렬 약 화

而加譴責、
이 가 견 책

겔 36:6

爾其指以色列地預言、
이 기 지 이 색 열 지 예 언

對山岡澗谷曰、
대 산 강 간 곡 왈

主耶和華云、
주 야 화 화 운

因爾負異邦之毁辱、
인 이 부 이 방 지 훼 욕

我以忿嫉而言、
아 이 분 질 이 언

겔 36:7

主耶和華曰、
주 야 화 화 왈

我旣擧手而言、
아 기 거 수 이 언

爾四周之列邦、
이 사 주 지 열 방

必負其辱、
필 부 기 욕

겔 36:8

以色列山岡乎、
이 색 열 산 강 호

爾必爲我民以色列、
이 필 위 아 민 이 색 열

發枝結實、
발 지 결 실

蓋其歸期邇矣、
개 기 귀 기 이 의

겔 36:9

我必轉而爲爾、
아 필 전 이 위 이

俾得耕種、
비 득 경 종

겔 36:10

我必使以色列家、
아 필 사 이 색 열 가

生齒繁衍於爾上、
생 치 번 연 어 이 상

邑有居民、
읍 유 거 민

荒虛復建、
황 허 복 건

겔 36:11

我必增人畜於爾上、
아 필 증 인 축 어 이 상

俾其孳息繁庶、
비 기 자 식 번 서

居民如昔、
거 민 여 석

我待遇爾、
아 대 우 이

較前尤厚、
교 전 우 후

則知我乃耶和華、
칙 지 아 내 야 화 화

겔 36:12

且使我民以色列、
차 사 아 민 이 색 열

往來於爾中、
왕 래 어 이 중

據爾爲業、
거 이 위 업

不復喪其子、
불 복 상 기 자

겔 36:13

主耶和華曰、
주 야 화 화 왈

有人云、
유 인 운

爾素呑噬人、
이 소 탄 서 인

使民喪子、
사 민 상 자

겔 36:14

今而後不復呑噬人、
금 이 후 불 복 탄 서 인

不復使爾民喪子、
불 복 사 이 민 상 자

主耶和華言之矣、
주 야 화 화 언 지 의

겔 36:15

亦不復聞異邦之燬
역 불 복 문 이 방 지 훼

辱、
욕

不復受列國之謗讟、
불 복 수 열 국 지 방 독

不復使爾民顚躓、
불 복 사 이 민 전 지

主耶和華言之矣、○
주 야 화 화 언 지 의

겔 36:16

耶和華諭我曰、
야 화 화 유 아 왈

겔36:17

人子歟、
인 자 여

以色列家居故土時、
이 색 열 가 거 고 토 시

以其所行所爲玷汚
이 기 소 행 소 위 점 오

之、
지

其行之汚、
기 행 지 오

我視若行癸不潔之
아 시 약 행 계 불 결 지

婦、
부

겔36:18

彼流人血、
피 류 인 혈

崇拜偶像、
숭 배 우 상

玷汚斯土、
점 오 사 토

故我傾怒其上、
고 아 경 노 기 상

겔36:19

散之於列國、
산 지 어 열 국

分之於異邦、
분 지 어 이 방

依其所行所爲而鞫
의 기 소 행 소 위 이 국

之、
지

겔 36:20

彼至異邦、
피 지 이 방

汚我聖名、
오 이 성 명

因人指之曰、
이 인 지 지 왈

斯爲耶和華之民、
사 위 야 화 화 지 민

出於其地者、
출 어 기 지 자

겔 36:21

惟我惜我聖名、
유 아 석 아 성 명

卽以色列家至異邦所
즉 이 색 열 가 지 이 방 소

汚者、
오 자

겔 36:22

故當謂以色列家云、
고 당 위 이 색 열 가 운

主耶和華曰、
주 야 화 화 왈

以色列家乎、
이 색 열 가 호

我之行是、
아 지 행 시

非爲爾故、
비 위 이 고

乃爲我聖名、
내 위 아 성 명

爾至異邦所汚者、
이 지 이 방 소 오 자

겔 36:23

爾在異邦汚我大名、
이 재 이 방 오 아 대 명

我必使之成聖、
아 필 사 지 성 성

我於爾前旣顯爲聖、
아 어 이 전 기 현 위 성

異邦則知我乃耶和華、
이방칙지아내야화화

主耶和華言之矣、
주야화화언지의

겔 36:24
我必導爾出於異邦、
아필도이출어이방

集爾離乎列國、
집이리호열국

引爾歸於故土、
인이기어고토

겔 36:25
以淸水灑爾、
이청수쇄이

使爾爲潔、
사이위결

滌爾諸汚、
척이제오

除爾所有之偶像、
제이소유지우상

겔 36:26
以新心賜爾、
이신심사이

以新神賦於爾衷、
이 신 신 부 어 이 충

去爾石心、
거 이 석 심

錫以肉心、
석 이 육 심

겔 36:27

以我神賦於爾衷、
이 아 신 부 어 이 충

使爾循我典章、
사 이 순 아 전 장

守我律例、
수 아 률 례

而遵行之、
이 준 행 지

겔 36:28

爾必居於我賜爾祖之
이 필 거 어 아 사 이 조 지

地、
지

爾爲我民、
이 위 아 민

我爲爾祆上帝、
아 위 이 천 상 제

겔 36:29

援爾脫於諸污、
원 이 탈 어 제 오
使五穀豐登、
사 오 곡 풍 등
不加爾饑饉、
불 가 이 기 근

겔 36:30
木實增益、
목 실 증 익
土產繁盛、
토 산 번 성
不復因饑饉受辱於異
불 복 인 기 근 수 욕 어 이
邦、
방

겔 36:31
爾必追念爾之惡行、
이 필 추 념 이 지 악 행
與所爲不善、
여 소 위 불 선
則因爾罪惡、
칙 인 이 죄 악
及可惡之事、
급 가 악 지 사

而自怨焉、
이자원언

겔 36:32

主耶和華曰、
주야화화왈

以色列家乎、
이색열가호

當知我之行是、
당지아지행시

非爲爾故、
비위이고

宜爲爾塗含羞懷慚、
의위이도함수회참

겔 36:33

主耶和華曰、
주야화화왈

我潔爾脫於愆尤之日、
아결이탈어건우지일

必使爾邑復有居民、
필사이읍복유거민

荒墟復建、
황허복건

겔 36:34

荒寂之地、
황적지지

過者目覩、
과자목도

必復耕耘、
필복경운

겔 36:35

人必曰、
인필왈

昔也斯土荒蕪、
석야사토황무

今則若伊甸囿、
금칙약이전유

荒涼寂寞傾毁之邑、
황량적막경훼시읍

今有垣墉居民、
금유원용거민

겔 36:36

四周所遺之族、
사주소유지족

必知我耶和華建造傾
필지아야화화건조경

毁之區、
훼지구

培植荒蕪、
배 식 황 무

我耶和華言之、
아 야 화 화 언 지

亦必成之、○
역 필 성 지

겔 36:37

主耶和華曰、
주 야 화 화 왈

以色列家若求於我、
이 색 열 가 약 구 어 아

我必允之、
아 필 윤 지

俾其生齒繁多、
비 기 생 치 번 다

有若羊羣、
유 약 양 군

겔 36:38

使荒涼之邑充滿人
사 황 량 지 읍 충 만 인

羣、
군

若於耶路撒冷節期、
약 어 야 로 살 랭 절 기

犧牲之羣、
희 생 지 군

則知我乃耶和華、
칙 지 아 내 야 화 화

以西結書 第三十七章
이 서 결 서 제 상 십 칠 장

겔 37:1

耶和華感我、
야 화 화 감 아

藉其神導我出、
자 기 신 도 아 출

置我於谷、
치 아 어 곡

其中盈以骨、
기 중 영 이 골

겔 37:2

使我巡其四周、
사 아 순 기 사 주

見谷中布骨甚多、
견 곡 중 포 골 심 다

殊爲枯槁、
수 위 고 고

겔 37:3

遂諭我曰、
수 유 아 왈

人子歟、
인자여

此骨可生乎、
자골가생호

我曰、
아왈

主耶和華、
주야화화

爾知之矣、
이지지의

겔 37:4

又諭我曰、
우유아왈

對斯骨預言云、
대사골예언운

爾枯骨乎、
이고골호

其聽耶和華言、
기청야화화언

겔 37:5

主耶和華謂骨曰、
주야화화위골왈

我必以氣賦於爾中、
아필이기부어이중

使爾得生、
사 이 득 생

겔 37:6

亦必加爾以筋、
역 필 가 이 이 근

益爾以肌、
익 이 이 기

蔽爾以膚、
폐 이 이 부

賦爾以氣、
부 이 이 기

爾則得生、
이 칙 득 생

而知我乃耶和華、
이 지 아 내 야 화 화

겔 37:7

我遵命而預言、
아 준 명 이 예 언

言時有聲、
언 시 유 성

地震、
지 진

骨乃湊集、
골 내 주 집

互相聯合、
호 상 련 합

겔 37:8

我視之、
아 시 지

見骨上加以筋、
견 골 상 가 이 근

益以肌、
익 이 기

蔽以膚、
폐 이 로

惟其中無氣、
유 기 중 무 기

겔 37:9

又諭我曰、
우 유 아 왈

人子歟、
인 자 여

其對風預言曰、
기 대 풍 예 언 왈

主耶和華云、
주 야 화 화 운

氣乎、
기 호

來自四方、
래 자 사 방

噓於斯被殺者、
허 어 사 피 살 자

使之得生、
사 지 득 생

겔 37:10

我遵命而預言、
아 준 명 이 예 언

氣乃入於其中；
기 내 입 어 기 중

彼則得生而起立；
피 칙 득 생 이 기 립

成爲至大之軍；
성 위 지 대 지 군

겔 37:11

主諭我曰、
주 유 아 왈

人子歟、
인 자 여

此骨卽以色列全家、
차 골 즉 이 색 열 전 가

彼曰、
피 왈

我骨已枯、
아 골 이 고

我望已失、
아 망 기 실

我悉滅絕、
아 실 멸 절

겔 37:12

故當預言、
고 당 예 언

告之曰、
고 지 왈

主耶和華云、
주 야 화 화 운

我民乎、
아 민 호

我必啟爾墓、
아 필 계 이 묘

俾爾出、
비 이 출

導爾入以色列地、
도 이 입 이 색 열 지

겔 37:13

我民乎、
아 민 호

我旣啟爾墓、
아 기 계 이 묘

俾爾出、
비 이 출

則知我乃耶和華、
칙 지 아 내 야 화 화

겔 37:14
我必以我神賦於爾
아 필 이 아 신 부 어 이

中、
중

使爾得生、
사 이 득 생

安爾於故土、
안 이 어 고 토

則知我耶和華旣言
칙 지 아 야 화 화 기 언

之、
지

亦成之焉、○
역 성 지 언

겔 37:15
耶和華諭我曰、
야 화 화 유 아 왈

겔 37:16

人子歟、
인 자 여

其取一杖、
기 취 일 장

書於上曰、
서 어 상 왈

是爲猶大、
시 위 유 대

及同儕以色列族、
급 동 제 이 색 열 족

又取一杖、
우 취 일 장

書於上曰、
서 어 상 왈

是爲約瑟之以法蓮、
시 위 약 슬 지 이 법 련

及同儕以色列全家、
급 동 제 이 색 열 전 가

겔 37:17

連此二杖、
련 차 이 장

成爲一杖、
성 위 일 장

在於爾手、
재 어 이 수

겔 37:18

爾民族問爾曰、
이 민 족 문 이 왈

作此何意、
작 차 하 의

不示我乎、
불 시 아 호

겔 37:19

則告之曰、
칙 고 지 왈

主耶和華云、
주 야 화 화 운

我必取以法蓮手中、
아 필 취 이 법 련 수 중

約瑟與其同儕以色列
약 슬 여 기 동 제 이 색 열

支派之杖、
지 파 지 장

置於猶大之杖、
치 어 유 대 지 장

連之爲一、
련 지 위 일

在於我手、
재 어 아 수

成爲一杖、
성 위 일 장

겔37:20

爾所書之二杖、
이 소 서 지 이 장

當執於手、
당 집 어 수

俾衆目覩、
비 중 목 도

겔37:21

告之曰、
고 지 왈

主耶和華云、
주 야 화 화 운

我必取以色列族、
아 필 취 이 색 열 족

出於所至之邦、
출 어 소 지 지 방

自四方集之、
자 사 방 집 지

導入故土、
도 입 고 토

겔37:22

使於斯土合爲一邦、
사 어 사 토 합 위 일 방

在以色列山、
재 이 색 열 산

為一王所治、
위 일 왕 소 치

不復為二族、
불 복 위 이 족

不分為二國、
불 분 위 이 국

겔 37:23

不復以偶像、
불 복 이 우 상

與可憎之物、
여 가 증 지 물

及其罪愆、
급 기 죄 건

而污厥身、
이 오 궐 신

我必拯之、
아 필 증 지

出於干罪之區、
출 어 간 죄 지 구

使成清潔、
사 성 청 결

彼為我民、
피 위 아 민

我為其祆上帝、
아 위 기 천 상 제

겔 37:24

我僕大衛必爲其王、
아 복 대 위 필 위 기 왕

斯衆惟有一牧、
사 중 유 유 일 목

循我律例、
순 아 률 례

守我典章、
수 아 전 장

而遵行之、
이 존 행 지

겔 37:25

彼與子孫、
피 여 자 손

必永居於我賜我僕雅
필 영 거 어 아 사 아 복 아

各、
각

厥祖所居之地、
궐 조 소 거 지 지

我僕大衛必爲其君、
아 복 대 위 필 위 기 군

歷世弗替、
력 세 불 체

겔 37:26

我必與立平和之約、
아 필 여 립 평 화 지 약

永世不廢、
영 세 불 폐

使其安居、
사 기 안 거

生齒繁衍、
생 치 번 연

設我聖所於其中、
설 아 성 소 어 기 중

迄於永久、
흘 어 영 구

겔 37:27

我幕亦在其中、
아 막 역 재 기 중

我爲其祆上帝、
아 위 기 천 상 제

彼爲我民、
피 위 아 민

겔 37:28

我聖所既永在其中、
아 성 소 기 영 재 기 중

列邦則知我乃耶和
열 방 칙 지 아 내 야 화

華、
화

使以色列族成聖焉、
사 이 색 열 족 성 성 언

以西結書 第三十八章
이 서 결 서 제 삼 십 팔 장

겔 38:1
耶和華諭我曰、
야 화 화 유 아 왈

겔 38:2
人子歟、
인 자 여

當面瑪各地之歌革、
당 면 마 각 지 지 가 혁

卽羅施米設土巴之
즉 라 시 미 설 토 파 지

君、
군

而預言曰、
이 예 언 왈

겔 38:3
主耶和華云、
주 야 화 화 운

羅施米設土巴之君歌
라 시 미 설 토 파 지 군 가

革乎、
혁 호

我爲爾敵、
아 위 이 적

겔 38:4

必以鉤貫爾頰、
필 이 구 관 이 협

使爾旋轉、
사 이 선 전

曳爾出境、
예 이 출 경

及爾全軍、
급 이 전 군

戰馬騎兵、
전 마 기 병

悉著戎衣、
실 저 융 의

成爲大隊、
성 위 대 대

執干盾、
집 간 순

揮刀劍、
휘 도 검

겔 38:5

波斯古實與弗偕之、
파 사 고 실 여 불 해 지

咸執干戴盔、
함 집 간 대 회

겔 38:6

歌篾及其衆、
가 멸 급 기 중

北極之陀迦瑪族及其
북 극 지 타 가 마 족 급 기

衆、
중

又有多民偕之、
우 유 다 민 해 지

겔 38:7

爾與同集之軍、
이 여 동 집 지 군

當預備之、
당 예 비 지

爾爲其帥、
이 위 기 수

겔 38:8

以色列山久爲荒蕪、
이 색 열 산 구 위 황 무

惟彼庶民免於刃者、
유 피 서 민 면 어 인 자

將自多國而集、
장 자 다 국 이 집

安居斯土、
안 거 사 토

歷年既久、
력 년 기 구

爾必奉命而入其境、
이 필 봉 명 이 입 기 경

겔 38:9

爾及有衆、
이 급 유 중

與所偕之諸族、
어 소 해 지 제 족

將若暴風猝至、
장 약 폭 풍 솔 지

若云蔽覆斯土、
약 운 폐 복 사 토

겔 38:10

主耶和華曰、
주 야 화 화 왈

是日、
시 일

爾心必起惡念、
이 심 필 기 악 념

而設詭謀、
이 설 궤 모

겔 38:11

云、
운

無城之地、
무 성 지 지

安靖之民、
안 정 지 민

無城垣、
무 성 원

無門楗、
무 문 건

我必往焉、
아 필 왕 언

겔 38:12

其地昔爲荒墟、
기 지 석 위 황 허

今則有人居處、
금 칙 유 인 거 처

集自列邦、
집 자 열 방

聚貨財、
취 화 재

豢牲畜、
환 생 축

居其高處、
거 기 고 처

我必攻之、
아 필 공 지

刦掠其物、
겁 략 기 물

겔 38:13

示巴底但、
시 파 저 단

與他施之商旅、
여 타 시 시 상 려

及其稚獅、
급 기 치 사

將詰爾云、
장 힐 이 운

爾來欲刦奪乎、
이 래 욕 겁 탈 호

爾集斯衆、
이 집 사 중

欲虜掠乎、
욕 로 략 호

欲攘金銀、
욕 양 금 은

刦牲畜、
겁 생 축

奪貨物、
탈 화 물

掠取多財乎、 ○
략 취 다 재 호

겔 38:14

人子歟、
인 자 여

爾對歌革預言曰、
이 대 가 혁 예 언 왈

主耶和華云、
주 야 화 화 운

我民以色列安居時、
아 민 이 색 열 안 거 시

爾豈不得而知之乎、
이 기 불 득 이 지 지 호

겔 38:15

爾自所居北極之地而
이 자 소 거 북 극 지 지 이

來、
래

多族偕至、
다 족 해 지

咸乘馬、
함 승 마

其數甚衆、
기 수 심 중

成爲大軍、
성 위 대 군

겔 38:16

歌革歟、
가 혁 여

爾來攻我民以色列、
이 래 공 아 민 이 색 열

若雲覆地、
약 운 복 지

越至末日、
월 지 말 일

我必導爾伐我土地、
아 필 도 이 벌 아 토 지

使我因爾彰顯爲聖、
사 아 인 이 창 현 위 성

列邦目覩、
열 방 목 도

彼則識我、
피 칙 식 아

겔 38:17

主耶和華曰、
주 야 화 화 왈

昔我託我諸僕、
석 아 탁 아 제 복

以色列先知、
이 색 열 선 지

歷年預言云、
력 년 예 언 운

我必使爾來攻我民、
아 필 사 이 래 공 아 민

所言者、
소 언 자

非爾乎、
비 이 호

겔 38:18

主耶和華曰、
주 야 화 화 왈

歌革來攻以色列地
가 혁 래 공 이 색 열 지

時、
시

我怒憤烈、
아 노 분 렬

必發於鼻、
필 발 어 비

겔 38:19

我以忌嫉烈怒而言

아 이 기 질 렬 노 이 언

曰、

왈

是日以色列地、

시 일 이 색 열 지

必震動殊甚、

필 진 동 수 심

겔 38:20

海魚飛鳥、

해 어 비 조

野獸昆蟲、

야 수 곤 충

及天下億兆、

급 천 하 억 조

必戰慄於我前、

필 전 률 어 아 전

山嶽崩頹、

산 악 붕 퇴

磐巖墜落、

반 암 추 락

垣墉傾圮、

원 용 경 비

겔 38:21

主耶和華曰、
주야화화왈

我必自我諸山、
아필자아제산

召刃至而擊之、
소인지이격지

彼軍各以其刃、
피군각이기인

互相殘殺、
호상잔살

겔 38:22

我必以疫與血懲之、
아필이역여혈징지

以霪雨大雹、
이음우대박

雹火硫磺降之、
전화류광강지

及其有衆、
급기유중

與所偕之諸族、
여소해지제족

겔 38:23

我必自顯爲大爲聖、
아필자현위대위성

萬邦目覩、
만 방 목 도

則知我乃耶和華、
칙 지 아 내 야 화 화

以西結書 第三十九章
이 서 결 서 제 삼 십 구 장

겔 39:1

人子歟、
인 자 여

當對歌革預言曰、
당 대 가 혁 예 언 왈

主耶和華云、
주 야 화 화 운

羅施米設土巴之君歌
라 시 미 설 토 파 지 군 가

革乎、
혁 호

我爲爾敵、
아 위 이 적

겔 39:2

使爾旋轉、
사 이 선 전

導爾出北極地、
도 이 출 북 극 지

至以色列山、
지 이 색 열 산

겔 39:3

擊爾弓脫乎左手、
격 이 궁 탈 호 좌 수

使爾矢隕自右手、
사 이 시 운 자 우 수

겔 39:4

爾及有衆、
이 급 유 중

與偕爾之諸族、
여 해 이 지 제 족

將仆於以色列山、
장 부 어 이 색 열 산

我必以爾付於鷙鳥野
아 필 이 이 부 어 지 조 야

獸食之、
수 식 지

겔 39:5

爾將仆於田野、
이 장 부 어 전 야

主耶和華曰、
주 야 화 화 왈

我言之矣、
아 언 지 의

겔 39:6

我必降火於瑪各、
아 필 강 화 어 마 각

及洲島安居者、
급 주 도 안 거 자

俾知我乃耶和華、
비 지 아 내 야 화 화

겔 39:7

彰我聖名於我民以色
창 아 성 명 어 아 민 이 색

列中、
열 중

俾我聖名不復受侮、
비 아 성 명 불 복 수 모

列邦則知我乃耶和
열 방 칙 지 아 내 야 화

華、
화

以色列之聖者、
이 색 열 지 성 자

겔 39:8

主耶和華曰、
주 야 화 화 왈

我所言之日、
아 소 언 지 일

今已至矣、
금이지의

事必成焉、
사필성언

겔 39:9

以色列諸邑居民必出、
이색열제읍거민필출

取其器械、
취기기계

干盾弓矢、
간순궁시

杖梃矛戟、
장정모극

爲薪燃火、
위신연화

七年之久、
칠년지구

겔 39:10

無庸拾薪於野、
무용습신어야

伐木於林、
벌목어림

惟以器械燃火、
유 이 기 계 연 화

昔爲所刦、
석 위 소 겁

今則刦之、
금 칙 겁 지

昔爲所虜、
석 위 소 로

今反虜之、
금 반 로 지

主耶和華言之矣、○
주 야 화 화 언 지 의

겔 39:11

是日也、
시 일 야

在以色列地、
재 이 색 열 지

海東往來之谷、
해 동 왕 래 지 곡

我必賜於歌革、
아 필 사 어 가 혁

以爲葬地、
이 위 장 지

人必瘞之於彼、
인 필 예 지 어 피

及其羣衆、
급 기 군 중

阻人往來、
조 인 왕 래

稱之曰哈們歌革谷、
칭 지 왈 합 문 가 혁 곡

겔 39:12

以色列家葬屍、
이 색 열 가 장 시

必歷七月、
필 력 칠 월

以潔其地、
이 결 기 지

겔 39:13

斯土衆民瘞之、
사 토 중 민 예 지

而得令名、
이 득 령 명

於我獲榮之日、
어 아 획 영 지 일

主耶和華言之矣、
주 야 화 화 언 지 의

겔 39:14

彼必簡人恆巡斯土、
피 필 간 인 긍 순 사 토

瘞埋所遺於地之尸、
예 매 소 유 어 지 지 시

以潔其地、
이 결 기 지

歷至七月、
력 지 칠 월

必巡察之、
필 순 찰 지

겔39:15

凡巡斯土者、
범 순 사 토 자

見人之骨、
견 인 지 골

則立誌於旁、
칙 립 지 어 방

待葬者瘞之於哈們歌
대 장 자 예 지 어 합 문 가

革谷、
혁 곡

겔39:16

必名其邑曰哈摩那、
필 명 기 읍 왈 합 마 나

如是俾地成潔、○
여 시 비 지 성 결

겔39:17

主耶和華曰、
주야화화왈

人子歟、
인자여

當告飛鳥野獸云、
당고비조야수운

我於以色列山、
아어이색열산

爲爾備大祭、
위이비대제

爾其會集、
이기회집

自四方而來、
자사방이래

食肉飮血、
식육음혈

겔 39:18

食勇士之肉、
식용사지육

飮牧伯之血、
음목백지혈

以爲牡綿羊、
이위모면양

羔羊、
고양

牡山羊、
모 산 양
牡牛、
모 우
皆巴珊之肥畜、
개 파 산 지 비 축

겔 39:19
我爲爾所宰之祭品、
아 위 이 소 재 지 제 품
爾將飽食其脂、
이 장 포 식 기 지
醉飮其血、
취 음 기 혈

겔 39:20
爾於我席、
이 어 아 석
將飫馬與乘馬者、
장 어 마 여 승 마 자
勇士及諸戰士、
용 사 급 제 전 사
主耶和華言之矣、
주 야 화 화 언 지 의

겔 39:21
我必彰我榮於列邦、
아 필 창 아 영 어 열 방

萬 民 必 見 我 所 行 之
만 민 필 견 아 소 행 지

鞫、
국

所 加 之 罰、
소 가 지 벌

겔39:22

自 是 日 而 後、
자 시 일 이 후

以 色 列 家、
이 색 열 가

必 知 我 乃 彼 之 祅 上 帝
필 지 아 내 피 지 천 상 제

耶 和 華、
야 화 화

겔39:23

列 邦 亦 知 以 色 列 家 之
열 방 역 지 이 색 열 가 지

被 虜、
피 로

乃 因 其 愆 尤、
내 인 기 건 우

彼 獲 罪 於 我、
피 획 죄 어 아

故我掩面不顧、
고 아 엄 면 불 고

付之敵手、
부 지 적 수

悉隕於刃、
실 운 어 인

겔 39:24

我依其汚衊罪惡而待
아 의 기 오 멸 죄 악 이 대

之、
지

掩面而不之顧、○
엄 면 이 불 지 고

겔 39:25

主耶和華曰、
주 야 화 화 왈

我今必反雅各之俘
아 금 필 반 아 각 지 부

囚、
수

矜憫以色列全家、
긍 민 이 색 열 전 가

爲我聖名而熱中、
위 아 성 명 이 열 중

겔 39:26

迨彼安居故土、
태 피 안 거 고 토

無人使之恐怖、
무 인 사 지 공 포

必因干罪於我、
필 인 간 죄 어 아

懷慚負咎、
회 참 부 구

겔 39:27

在我導之歸自列邦、
재 아 도 지 귀 자 열 방

集之出於敵國、
집 지 출 어 적 국

我顯爲聖於彼、
아 현 위 성 어 피

多邦目覩之時、
다 방 목 도 지 시

겔 39:28

我使之虜於列邦、
아 사 지 로 어 열 방

復集之歸於故土、
복 집 지 귀 어 고 토

不遺一人、
불 유 일 인

彼則知我乃其祆上帝
피 칙 지 아 내 기 천 상 제
耶和華、
야 화 화

겔 39:29
我不復掩面、
아 불 복 엄 면
而不之顧、
이 불 지 고
蓋我以我神注於以色
개 아 이 아 신 주 어 이 색
列家、
열 가
主耶和華言之矣、
주 야 화 하 언 지 의

以西結書 第四十章
이 서 결 서 제 사 십 장

겔 40:1
我儕被虜之二十五
아 제 피 로 지 이 십 오
年、
년
正月十日、
정 월 십 일

城陷後十四年、
성 함 후 십 사 년

是日耶和華感我、
시 일 야 화 화 감 아

導我至此、
도 아 지 차

겔 40:2

於天上帝異象中、
어 천 상 제 이 상 중

導我至以色列地、
도 아 지 이 색 열 지

置於至高之山、
치 어 지 고 지 산

山之南方、
산 지 남 방

若有建築城邑之狀、
약 유 건 축 성 읍 지 상

겔 40:3

旣導我至、
기 도 아 지

則見有人、
칙 견 유 인

其色若銅、
기 색 약 동

手執麻繩、
수 집 마 승

與量度之竿、
여 량 도 지 간

而立於門、
이 립 어 문

겔 40:4

謂我曰、
위 아 왈

人子歟、
인 자 여

我所示爾者、
아 수 시 이 자

爾其目覩耳聞心思
이 기 목 도 이 문 심 사

之、
지

蓋我導爾至此、
개 아 도 이 지 차

乃爲示爾此事、
내 위 시 이 차 사

爾所見者、
이 소 견 자

悉以告以色列家、○
실 이 고 이 색 열 가

겔 40:5

我見室外、
아 견 실 외

四周有垣、
사 주 유 원

其人執竿、
기 인 집 간

竿長六肘、
간 장 육 주

肘長、
주 장

較之常肘再加一掌、
교 지 상 주 재 가 일 장

乃量其垣、
내 량 기 원

廣一竿、
광 일 간

高一竿、
고 일 간

겔 40:6

遂至東門、
수 지 동 문

拾級登階、
습 급 등 계

量其門閾、
량 기 문 역

廣計一竿、
광 계 일 간

其次亦廣一竿、
기 차 역 광 일 간

겔 40:7

有守衛室、
유 수 위 실

各深一竿、
각 심 일 간

廣一竿、
광 일 간

守衛室相間五肘、
수 위 실 상 간 오 주

內門之閾、
내 문 지 역

廣計一竿、
광 계 일 간

與門廊相近、
여 문 랑 상 근

겔 40:8

又量門內之廊、
우 량 문 내 지 랑

計亦一竿、
계 역 일 간

겔 40:9

復量門廊、
복 량 문 랑

深八肘、
심 팔 주

其柱二肘、
기 주 이 주

門廊向室、
문 랑 향 실

겔 40:10

東門之守衛室、
동 문 지 수 위 실

左右各三、
좌 우 각 삼

深廣相同、
심 광 상 동

左右之柱亦相同、
좌 우 지 주 역 상 동

겔 40:11

入門之處、
입 문 지 처

廣十肘、
광 십 주

長十三肘、
장 십 삼 주

겔 40:12

左右之守衛室、
좌 우 지 수 위 실

深廣各六肘、
심 광 각 육 주

其前左右有欄、
기 전 좌 우 유 란

廣一肘、
광 일 주

겔 40:13

又量門、
우 량 문

自左守衛室之頂、
자 좌 수 위 실 지 정

至右守衛室之頂、
지 우 수 위 실 지 정

廣二十五肘、
광 이 십 오 주

門各相向、
문 각 상 향

겔 40:14

又量衆柱、
우 량 중 주

共六十肘、
공 육 십 주

門柱四周有院、
문 주 사 주 유 원

延及門廊、
연 급 문 랑

겔 40:15

自外門前、
자 외 문 전

至內門之後廊前、
지 내 문 지 후 랑 전

計五十肘、
계 오 십 주

겔 40:16

諸守衛室、
제 수 위 실

及門內四周之柱、
급 문 내 사 주 지 주

各有窗、
각 유 창

閉以斜欞、
폐 이 사 령

廊內四周亦有窗、
랑 내 사 주 역 유 창

柱上有椶樹之狀、 ○
주 상 유 종 수 지 상

겔 40:17

其人導我入外院、
기 인 도 아 입 외 원

則見四周有室、
칙 견 사 주 유 실

地鋪以石、
지 포 이 석

上有守衛室三十、
상 유 수 위 실 삼 십

겔 40:18

鋪石之地在門側、
포 석 지 지 재 문 측

長與門同、
장 여 문 동

是爲下鋪石地、
시 위 하 포 석 지

겔 40:19

又量自下門前至內院
우 량 자 하 문 전 지 내 원

外、
외

深百肘、
심 백 주

東北皆然、
동 북 개 연

겔 40:20

又量外院向北之門、
우 량 외 원 향 북 지 문

計其深廣、
계 기 심 광

겔 40:21

其守衛室、
기 수 위 실

左右各三、
좌 우 각 삼

其柱其廊、
기 주 기 랑

與上所言之門相同、
여 상 소 언 지 문 상 동

院長五十肘、
원 장 오 십 주

廣二十五肘、
광 이 십 오 주

겔 40:22

其窗其廊、
기 창 기 랑

及椶榭之狀、
급 종 사 지 상

俱循東門之度、
구 순 동 문 지 도

登門之階有七級、
등 문 지 계 유 칠 급

其前有廊、
기 전 유 랑

겔 40:23

內院有門、
내 원 유 문

東門北門相對、
동 문 북 문 상 대

自彼門量至此門、
자 피 문 량 지 차 문

計百肘、
계 백 주

겔 40:24

又導我南往、
우 도 아 남 왕

見有門南向、
견 유 문 남 향

乃量其柱其廊、
내 량 기 주 기 랑

其度如前、
기 도 여 전

겔 40:25

門與廊四周有窗、
문 여 랑 사 주 유 창

與先量之窗相同、
여 선 량 지 창 상 동

院長五十肘、
원 장 오 십 주

廣二十五肘、
광 이 십 오 주

겔 40:26

登門之階有七級、
등 문 지 계 유 칠 급

其前有廊、
기 전 유 랑

柱上左右、
주 상 좌 우

有椶樹之狀、
유 종 수 지 상

겔 40:27

內院有門南向、
내 원 유 문 남 향

自彼門至此門、
자 피 문 지 차 문

向南量之、
향 남 량 지

計百肘、○
계 백 주

겔 40:28

復導我由南門入內
복 도 아 유 남 문 입 내

院、
원

遂量南門、
수 량 남 문

其度如前、
기 도 여 전

겔 40:29

其守衛室、
기 수 위 실

其柱其廊、
기 수 기 랑

度亦如前、
도 역 여 선

門與廊四周有窗、
문 여 랑 사 주 유 창

院長五十肘、
원 장 오 십 주

廣二十五肘、
광 이 십 오 주

겔 40:30

四周有廊、
사 주 유 랑

深二十五肘、
심 이 십 오 주

廣五肘、
광 오 주

겔 40:31

廊向外院、
랑 향 외 원

柱上有椶樹之狀、
주 상 유 종 수 지 상

登門之階有八級、
등 문 지 계 유 팔 급

겔 40:32

又導我入內院、
우 도 아 입 내 원

東向而量其門、
동 향 이 량 기 문

其度如前、
기 도 여 전

겔 40:33

其守衛室、
기 수 위 실

其柱其廊、
기 주 기 랑

度亦如前、
도 역 여 전

門與廊四周有窗、
문 여 랑 사 주 유 창

院長五十肘、
원 장 오 십 주

廣二十五肘、
광 이 십 오 주

겔 40:34

廊向外院、
랑 향 외 원

柱上左右、
주 상 좌 우

有椶樹之狀、
유 종 수 지 상

登門之階有八級、
등 문 지 계 유 팔 급

겔 40:35

又導我至北門量之、
우 도 아 지 북 문 량 지

其度如前、
기 도 여 전

겔 40:36

量其守衛室、
량 기 수 위 실

及柱與廊、
급 주 여 랑

四周有窗、
사 주 유 창

院長五十肘、
원 장 오 십 주

廣二十五肘、
광 이 십 오 주

겔 40:37

廊向外院、
랑 향 외 원

柱上左右、
주 상 좌 우

有棕樹之狀、
유 종 수 지 상

登門之階有八級、 ○
등 문 지 계 유 팔 급

겔 40:38

門內柱側有小室、
문 내 주 측 유 소 실

以滌燔祭之牲、
이 척 번 제 지 생

겔 40:39

門廊之內、
문 랑 지 내

左右各有二几、
좌 우 각 유 이 궤

以宰燔祭補過祭贖罪
이 재 번 제 보 과 제 속 죄
祭之牲、
제 지 생

겔 40:40
廊外北向之門、
랑 외 북 향 지 문
其階旁有二几、
기 계 방 유 이 궤
門廊之旁、
문 랑 지 방
亦有二幾、
역 유 이 기

겔 40:41
門旁左右各四几、
문 방 좌 우 각 사 궤
共八几、
공 팔 궤
宰牲於上、
재 생 어 상

겔 40:42
亦有石鑿之几四、
역 유 석 착 지 궤 사
爲燔祭所用、
위 번 제 소 용

長一肘有半、
장 일 주 유 반

廣一肘有半、
광 일 주 유 반

高一肘、
고 일 주

宰燔祭及他祭牲者、
재 번 제 급 타 제 생 자

置所用之器於其上、
치 소 용 지 기 어 기 상

겔 40:43

有鈎廣約一掌、
유 구 광 약 일 장

釘於廊內四周、
정 어 랑 내 사 주

几上置胙肉、
궤 상 치 조 육

겔 40:44

內門之外、
내 문 지 외

內院有室、
내 원 유 실

爲謳歌者所居、
위 구 가 자 소 거

一在北門旁南向、
일 재 북 문 방 남 향

一往東門旁北向、
일 왕 동 문 방 북 향

겔 40:45

其人告我曰、
기 인 고 아 왈

南向之室、
남 향 지 실

爲守殿之祭司所居、
위 수 전 지 제 사 소 거

겔 40:46

北向之室、
북 향 지 실

爲守壇之祭司所居、
위 수 단 지 제 사 소 거

卽利未裔撒督子孫、
즉 리 미 예 살 독 자 손

詣耶和華而役事者居之、
예 야 화 화 이 역 사 자 거 지

겔 40:47

又量其院、
우 량 기 원

長百肘、
장 백 주

廣百肘、
광 백 주

其式維方、
기 식 유 방

壇在室前、○
단 재 실 전

겔 40:48

又導我至室前之廊、
우 도 아 지 실 전 지 랑

而量其柱、
이 량 기 주

左右各廣五肘、
좌 우 각 광 오 주

其門左右、
기 문 좌 우

各廣三肘、
각 광 삼 주

겔 40:49

廊深二十肘、
랑 심 이 십 주

廣十一肘、
광 십 일 주

拾級而登、
습 급 이 등

柱旁復有柱、
주 방 복 유 주

左右各一、
좌 우 각 일

以西結書 第四十一章
이 서 결 서 제 사 십 일 장

겔 41:1

其人導我入殿、
기 인 도 아 입 전

而量其柱、
이 량 기 주

左右各廣六肘、
좌 우 각 광 육 주

與帳幕同、
여 장 막 동

겔 41:2

入門之處廣十肘、
입 문 지 처 광 십 주

門旁左右、
문 방 좌 우

各五肘、
각 오 주

乃量殿、
내 량 전

深四十肘、
심 사 십 주

廣二十肘、
광 이 십 주

겔 41:3

其人遂進內殿、
기 인 수 진 내 전

量入門處之柱、
량 입 문 처 지 주

各廣二肘、
각 광 이 주

門廣六肘、
문 광 육 주

門旁左右、
문 방 좌 우

各七肘、
각 칠 주

겔 41:4

亦量內殿、
역 량 내 전

深二十肘、
심 이 십 주

廣二十肘、
광 이 십 주

告我曰、
고 아 왈

此至聖所也、
차 지 성 소 야

겔 41:5

又量室牆六肘、
우 량 실 장 육 주

室之四周、
실 지 사 주

所有小室、
소 유 소 실

各廣四肘、
각 광 시 주

겔 41:6

小室有三層、
소 실 유 삼 층

共室三十、
공 실 삼 십

殿牆四周、
전 장 사 주

又有小牆、
우 유 소 장

小室附之、
소 실 부 지

不與殿牆相接、
불 여 전 장 상 접

겔 41:7

小室愈高愈廣、
소 실 유 고 유 광

因殿四周之牆愈高愈
인 전 사 주 지 장 유 고 유

狹、
협

故殿亦愈高愈廣、
고 전 역 유 고 유 광

自下層至上層、
자 하 층 지 상 층

由中層而登、
유 중 층 이 등

겔 41:8

我觀殿之四周、
아 관 전 지 사 주

有高基、
유 고 기

小室之基、
소 실 지 기

高足一竿、
고 족 일 간

卽六大肘、
즉 육 대 주

겔 41:9

小室之外牆、
소 실 지 외 장

厚五肘、
후 오 주

其間有隙地、
기 간 유 극 지

겔 41:10

殿四周之小室間、
전 사 주 지 소 실 간

其隙地廣二十肘、
기 극 지 광 이 십 주

겔 41:11

小室之門、
소 실 지 문

向乎隙地、
향 호 극 지

一向北、
일 향 북

一向南、
일 향 남

四周隙地、
사 주 극 지

各廣五肘、
각 광 오 주

겔 41:12

西向隙地之前有室、
서 향 극 지 지 전 유 실

廣七十肘、
광 칠 십 주

深九十肘、
심 구 십 주

四周之牆、
사 주 지 장

厚五肘、
후 오 주

겔 41:13

遂量殿、
수 량 전

深百肘、
심 백 주

又量隙地、
우 량 극 지

與室及牆、
여 실 급 장

亦長百肘、
역 장 백 주

겔 41:14
殿前東向之隙地、
전 전 동 향 지 극 지
亦百肘、○
역 백 주

겔 41:15
復量隙地前之室、
복 량 극 지 전 지 실
與其左右之廡、
여 기 좌 우 지 무
各深百肘、
각 심 백 주

겔 41:16
內殿院廊、
내 전 원 랑
門閾及窗櫺、
문 역 급 창 령
環殿三層之廡、
환 전 삼 층 지 무
門閾相向、
문 역 상 향
自地及窗、
자 지 급 창

俱蓋以板、
구개이판

窗亦悉閉、
창역실폐

겔41:17

門之上、
문지상

至殿之內外、
지전지내외

牆之四周、
장지사주

咸有其度、
함유기도

겔41:18

製基路伯與椶樹之狀、
제기로백여종수지상

二基路伯間有一椶樹、
이기로백간유일종수

基路伯各有二面、
기로백각유이면

겔41:19

左有人面、
좌 유 인 면

向於椶樹、
향 어 종 수

右有獅面、
우 유 사 면

向於椶樹、
향 어 종 수

室之四周皆如是、
실 지 사 주 개 여 시

겔 41:20

殿牆自地以至門上、
전 장 자 지 이 지 문 상

製基路伯與椶樹之
제 기 로 백 여 종 수 지

狀、
상

겔 41:21

殿之門柱、
전 지 문 주

形製維方、
형 제 유 방

至聖所前、
지 성 소 전

其狀與殿式同、
기 상 여 전 식 동

겔 41:22

有木制之壇、
유 목 제 지 단

高三肘、
고 삼 주

長二肘、
장 이 주

其隅其座其旁、
기 우 기 좌 기 방

俱以木製、
구 이 목 제

其人告我曰、
기 인 고 아 왈

此乃耶和華前之几、
차 내 야 화 화 전 지 궤

겔 41:23

殿與至聖所、
전 여 지 성 소

各有一門、
각 유 일 문

겔 41:24

其門各有雙扉、
기 문 각 유 쌍 비

每扉分爲二、
매 비 분 위 이

可相轉捩、
가 상 전 렬

겔 41:25

殿門製基路伯與椶樹
전 문 제 기 로 백 여 종 수

之狀、
지 상

與牆上同、
여 장 상 동

外廊之前、
외 랑 지 전

以木爲閾、
이 목 위 역

겔 41:26

廊左右有窗櫺、
랑 좌 우 유 창 령

與椶樹之狀、
여 종 수 지 상

殿之小室及閾、
전 지 소 실 급 역

皆若是、
개 약 시

以西結書 第四十二章
이 서 결 서 제 사 십 이 장

겔 42:1

又導我出而北往、
우 도 아 출 이 북 왕

至外院、
지 외 원

入隙地相對之屋、
입 극 지 상 대 지 옥

在北向之室前、
재 북 향 지 실 전

겔 42:2

長百肘、
장 백 주

廣五十肘、
광 오 십 주

其門向北、
기 문 향 북

겔 42:3

與內院二十肘之隙
여 내 원 이 십 주 지 극

地、
지

及外院鋪石處相對、
급 외 원 포 석 처 상 대

其間有廡三層、
기 간 유 무 삼 층

廡各相向、
무 각 상 향

겔 42:4

室前有道、
실 전 유 도

廣十肘、
광 십 주

長百肘、
장 백 주

其門向北、
기 문 향 북

겔 42:5

上層之室維狹、
상 층 지 실 유 협

因上層之廡、
인 상 층 지 무

較中下愈寬、
교 중 하 유 관

겔 42:6

廡有三層、
무 유 삼 층

無柱、
무 주

不與外院相同、
불 여 외 원 상 동

故上層之室、
고 상 층 지 실

較中下維狹、
교 중 하 유 협

겔 42:7

室外有牆、
실 외 유 장

與外院諸室相向、
여 외 원 제 실 상 향

長五十肘、
장 오 십 주

겔 42:8

外院之室、
외 원 지 실

長五十肘、
장 오 십 주

殿前之室、
전 전 지 실

長百肘、
장 백 주

겔 42:9

此室之下、
차 실 지 하

有門東向、
유 문 동 향
可自外院由此而入、
가 자 외 원 유 차 이 입

겔 42:10
院牆之南、
원 장 지 남
隙地與屋之前、
극 지 여 옥 지 전
亦有室、
역 유 실

겔 42:11
室前有道、
실 전 유 도
與向北之室相同、
여 향 북 지 실 상 동
長廣如一、
장 광 여 일
出入之門、
출 입 지 문
及其形製、
급 기 형 제
與前式同、
여 전 식 동

겔 42:12

橫牆之前、
횡 장 지 전

向東有道、
향 동 유 도

道末有門、
도 말 유 문

可由之而入、
가 유 지 이 입

與向南諸室之門相
여 향 남 제 실 지 문 상

同、
동

겔 42:13

其人告我曰、
기 인 고 아 왈

隙地前南北之室、
극 지 전 남 북 지 실

俱爲聖室、
구 위 성 실

詣耶和華之祭司、
예 야 화 화 지 제 사

可在彼食至聖之物、
가 재 피 식 지 성 지 물

亦以至聖之物、
역 이 지 성 지 물

與素祭補過祭贖罪
여 소 제 보 과 제 속 죄

祭、
제

置於其所、
치 어 기 소

蓋斯處乃聖也、
개 사 처 내 성 야

겔 42:14

祭司入時、
제 사 입 시

不可自聖所往外院、
불 가 자 성 소 왕 외 원

必先置供職之聖服於
필 선 치 공 직 지 성 복 어

彼、
피

易以他衣、
역 이 타 의

後方出至民所、○
후 방 출 지 민 소

겔 42:15

其人量內室既竟、
기 인 량 내 실 기 경

遂由東門之道、
수 유 동 문 지 도

導我而出、
도 아 이 출

量其四周、
량 기 사 주

겔 42:16

以竿量東方、
이 간 량 동 방

長五百竿、
장 오 백 간

겔 42:17

以竿量北方、
이 간 량 북 방

長五百竿、
장 오 백 간

겔 42:18

以竿量南方、
이 간 량 남 방

長五百竿、
장 오 백 간

겔 42:19

轉而向西、
전 이 향 서

以竿量西方、
이 간 량 서 방

長五百竿、
장 오 백 간

겔 42:20

量其四方、
량 기 사 방

有牆環繞、
유 장 환 요

長五百竿、
장 오 백 간

廣五百竿、
광 오 백 간

以區別聖地與俗地、
이 구 별 성 지 여 속 지

以西結書 第四十三章
이 서 결 서 제 사 십 삼 장

겔 43:1

厥後、
궐 후

其人導我至向東之
기 인 도 아 지 향 동 지

門、
문

겔 43:2

見以色列祆上帝之榮
견 이 색 열 천 상 제 지 영

光、
광

自東而至、
자 동 이 지

聲若衆水淜渤、
성 약 중 수 붕 발

地因其榮光而焜耀、
지 인 기 영 광 이 혼 요

겔 43:3

其狀若我昔來滅城
기 상 약 아 석 래 멸 성

時、
시

所見之異象、
소 견 지 이 상

亦如在迦巴魯河濱所
역 여 재 가 파 로 하 빈 소

見者、
견 자

我則面伏於地、
아 칙 면 복 어 지

겔 43:4

耶和華之榮光、
야 화 화 지 영 광

由東向之門入室、
유 동 향 지 문 입 실

겔 43:5

神乃舉我、
신 내 거 아

導入內院、
도 입 내 원

見耶和華之榮光充盈
견 야 화 화 지 영 광 충 영

於室、
어 실

겔 43:6

我聞室中有與我言
아 문 실 중 유 여 아 언

者、
자

有人立於我側、
유 인 립 어 아 측

겔 43:7

諭我曰、
유 아 왈

人子歟、
인 자 여

此我設位之所、
차 아 설 위 지 소
駐蹕之城、
주 필 지 성
我必永居以色列族
아 필 영 거 이 색 열 족
中、
중
以色列家及其君王、
이 색 열 가 급 기 군 왕
不復行邪淫、
불 복 행 사 음
王尸於崇邱、
왕 시 어 숭 구
汚我聖名、
오 아 성 명

겔 43:8
置其門閾於我閾旁、
치 기 문 역 어 아 역 방
置其門柱於我柱側、
치 기 문 주 어 아 주 측
彼我之間、
피 아 지 간
祇間一垣、
기 간 일 원

且行可惡之事、
차 행 가 악 지 사

汚我聖名、
오 아 성 명

致我震怒、
치 아 진 노

而殲滅之、
이 섬 멸 지

겔 43:9

今當去其邪淫、
금 당 거 기 사 음

遠徙王尸、
원 사 왕 시

我則永居其中、○
아 칙 영 거 기 중

겔 43:10

人子歟、
인 자 여

宜以此室示以色列
의 이 차 실 시 이 색 열

家、
가

使恥其罪、
사 치 기 죄

而度其式、
이 도 기 식

겔 43:11

彼若恥其所行、
피 약 치 기 소 행

則以室之規模形式、
칙 이 실 지 규 모 형 식

出入之處、
출 입 지 처

及諸形狀、
급 제 형 상

禮儀製造、
예 의 제 조

與其法度示之、
여 기 법 도 시 지

書之於冊、
서 지 어 책

俾衆目覩、
비 중 목 도

使彼循其規模、
사 피 순 기 규 모

遵其法度而行、
준 기 법 도 이 행

겔 43:12

室在山巓、
실 재 산 전

四周之界、
사 주 지 계

俱爲至聖、
구 위 지 성

室之法度如是、○
실 지 법 도 여 시

겔 43:13

其壇之度、
기 단 지 도

循其肘數、
순 기 주 수

肘長、
주 장

較之常肘再加一掌、
교 지 상 주 재 가 일 장

壇基高一肘、
단 기 고 일 주

邊廣一肘、
변 광 일 주

四周有緣、
사 주 유 연

廣一掌、
광 일 장

此爲壇基、
차 위 단 기

겔43:14
自基至下層之上邊、
자 기 지 하 층 지 상 변
高二肘、
고 이 주
邊廣一肘、
변 광 일 주
自下層至中層之上
자 하 층 지 중 층 지 상
邊、
변
高四肘、
고 사 주
邊廣一肘、
변 광 일 주

겔43:15
復上爲壇面、
복 상 위 단 면
高四肘、
고 사 주
上有四角、
상 유 사 각

겔43:16

壇面長十二肘、
단 면 장 십 이 주

廣十二肘、
광 십 이 주

其式維方、
기 식 유 방

겔 43:17

中層倂邊、
중 층 병 변

共長十四肘、
공 장 십 사 주

廣十四肘、
광 십 사 수

四周有緣、
사 주 유 연

廣半肘、
광 반 주

其基四出一肘、
기 기 사 출 일 주

階級向東、○
계 급 향 동

겔 43:18

其人告我曰、
기 인 고 아 왈

人子歟、
인 자 여
主耶和華云、
주 야 화 화 운
此壇旣成、
차 단 기 성
獻燔祭灑血於上之
헌 번 제 쇄 혈 어 상 지
日、
일
其例如左、
기 례 여 좌

겔 43:19
主耶和華曰、
주 야 화 화 왈
利未人祭司、
리 미 인 제 사
撒督之裔、
살 독 지 예
近而奉事我者、
근 이 봉 사 아 자
爾必以一牡犢與之、
이 필 이 일 모 독 여 지
爲贖罪祭、
위 속 죄 제

겔 43:20

取 血 釁 壇 四 角、
취 혈 흔 단 사 각

邊 之 四 隅、
변 지 사 우

緣 之 四 周、
연 지 사 주

以 贖 壇 而 潔 之、
이 속 단 이 결 지

겔 43:21

以 贖 罪 之 牡 犢、
이 속 죄 지 모 독

焚 於 至 聖 所 外、
분 어 지 성 소 외

預 定 之 處、
예 정 지 처

겔 43:22

翌 日、
익 일

必 以 無 疵 之 牡 山 羊、
필 이 무 자 지 모 산 양

獻 爲 贖 罪 祭、
헌 위 속 죄 제

以 潔 祭 壇、
이 결 제 단

如用牡犢潔之然、
여 용 모 독 결 지 연

겔 43:23

潔壇旣畢、
결 단 기 필

當獻牡犢一、
당 헌 모 독 일

牡綿羊一、
모 면 양 일

純潔無疵、
순 결 무 자

겔 43:24

奉至耶和華前、
봉 지 야 화 화 전

祭司灑以鹽、
제 사 쇄 이 염

獻爲燔祭於耶和華、
헌 위 번 제 어 야 화 화

겔 43:25

歷七日、
력 칠 일

每日備山羊一、
매 일 비 산 양 일

爲贖罪祭、
위 속 죄 제

又獻牡犢一、
우 헌 모 독 일

牡綿羊一、
모 면 양 일

純潔無疵、
순 결 무 자

겔 43:26

歷七日、
력 칠 일

爲壇行贖罪之禮、
위 단 행 속 죄 지 예

使之成潔、
사 지 성 결

如是區別爲聖、
여 시 구 별 위 성

겔 43:27

七日既竟、
칠 일 기 경

八日而後、
팔 일 이 후

祭司則於斯壇、
제 사 칙 어 사 단

獻爾曹之燔祭、
헌 이 조 지 번 제

及酬恩祭、
급수은제

我必悅納爾、
아필열납이

主耶和華言之矣、
주야화화언지의

以西結書 第四十四章
이서결서 제사십사장

겔 44:1

其人導我、
기인도아

返至聖所向東之外
반지성소향동지외

門、
문

其門乃閉、
기문내폐

겔 44:2

耶和華諭我曰、
야화화유아왈

斯門必閉而不啟、
사문필폐이불계

人不得由之而入、
인불득유지이입

蓋以色列之祆上帝耶
개 이 색 열 지 천 상 제 야

和華、
화 화

由之而入、
유 지 이 입

故必恆閉、
고 필 긍 폐

겔 44:3

惟君王可坐其內、
유 군 왕 가 좌 기 내

在耶和華前食餅、
재 야 화 화 전 식 병

必由門廊而入、
필 유 문 랑 이 입

亦由之而出、
역 유 지 이 출

겔 44:4

復導我由北門至室
복 도 아 유 북 문 지 실

前、
전

我見耶和華之榮光、
아 견 야 화 화 지 영 광

充盈耶和華室、
충영야화화실

我則面伏於地、
아칙면복어지

겔 44:5

耶和華諭我曰、
야화화유아왈

人子歟、
인자여

我論耶和華室之禮儀
아론야화화실지예의

法度、
법도

所告爾者、
소고이자

爾其注意、
이기주의

目視耳聽、
목시이청

細察殿宇之入處、
세찰전우지입처

及聖所之出處、
급성소지출처

겔 44:6

告悖逆之以色列家
고 패 역 지 이 색 열 가

云、
운

主耶和華曰、
주 야 화 화 왈

以色列家乎、
이 색 열 가 호

爾所行可惡之事、
이 소 행 가 악 지 사

可謂足矣、
가 위 족 의

겔 44:7

爾獻餅脂血時、
이 헌 병 지 혈 시

導心身未受割之外
도 심 신 미 수 할 지 외

人、
인

入我聖地、
입 아 성 지

汚我室、
오 아 실

背我約、
배 아 약

以增爾可惡之事、
이 증 이 가 악 지 사

겔 44:8

不守我聖物、
불 수 아 성 물

乃立人代爾供我聖地
내 립 인 대 이 공 아 성 지

之役事、
지 역 사

겔 44:9

主耶和華曰、
주 야 화 화 왈

心身未受割、
심 신 미 수 할

居於以色列族中之外
거 어 이 색 열 족 중 지 외

人、
인

不得入我聖地、
불 득 입 아 성 지

겔 44:10

昔以色列族迷途時、
석 이 색 열 족 미 도 시

有利未人遠我、
유 리 미 인 원 아

從事偶像、
종 사 우 상

必負其罪、
필 부 기 죄

겔44:11

猶可在我聖地供役、
유 가 재 아 성 지 공 역

守室之門、
수 실 지 문

爲民宰燔祭與他祭之
위 민 재 번 제 여 타 제 지

牲、
생

立於其前、
립 어 기 전

以供役事、
이 공 역 사

겔44:12

旣在偶像前、
기 재 우 상 전

爲民供役、
위 민 공 역

爲以色列家之窒礙、
위 이 색 열 가 지 질 애

陷之於罪、
함 지 어 죄

故我舉手而言、
고 아 거 수 이 언

彼必負其罪、
피 필 부 기 죄

主耶和華言之矣、
주 야 화 화 언 지 의

겔44:13

彼不得詣我前、
피 불 득 예 아 전

供祭司之職、
공 제 사 지 직

亦不得近我至聖之
역 불 득 근 아 지 성 지

物、
물

必因所行可惡之事、
필 인 소 행 가 악 지 사

而負其辱、
이 부 기 욕

겔44:14

然我立之守室、
연 아 립 지 수 실

供諸役事於其中、○
공 제 역 사 어 기 중

겔44:15

主耶和華曰、
주 야 화 화 왈

昔以色列族迷途離我
석 이 색 열 족 미 도 리 아

時、
시

利未人祭司、
리 미 인 제 사

撒督之裔、
살 독 지 예

尚守我聖所者、
상 수 아 성 소 자

可近而奉事我、
가 근 이 봉 사 아

侍立我前、
시 립 아 전

獻脂與血於我、
헌 지 여 혈 어 아

겔44:16

入我聖所、
입 아 성 소

近我几前、
근 아 궤 전

而奉事我、
이 봉 사 아

供諸役事、
공 제 역 사

겔 44:17

彼入內院之門、
피 입 내 원 지 문

必衣枲衣、
필 의 시 의

在內院門及室、
재 내 원 문 급 실

供職之時、
공 직 지 시

勿衣羊毛、
물 의 양 모

겔 44:18

首戴枲巾、
수 대 시 건

腰著枲褲、
요 저 시 고

致汗之衣、
치 한 지 의

俱勿服之、
구 물 복 지

겔 44:19

出至外院、
출 지 외 원

以見民衆、
이 견 민 중

必解供職之衣、
필 해 공 직 지 의

置於聖屋、
치 어 성 옥

易以他衣、
역 이 타 의

免以聖服
면 이 성 복

俾民成聖、
비 민 성 성

겔 44:20

勿薙首、
물 치 수

勿長髮、
물 장 발

惟修以剪、
유 수 이 전

겔 44:21

祭司入內院時、
제 사 입 내 원 시

不可飮酒、
불 가 음 주

겔 44:22

勿娶嫠婦棄婦、
물 취 리 부 기 부

第娶以色列
제 취 이 색 열

家之處女、
가 지 처 녀

或他祭司之嫠婦、
혹 타 제 사 지 리 부

겔 44:23

當敎我民區別
당 교 아 민 구 별

聖與不聖、
성 여 불 성

潔與不潔、
결 여 불 결

겔 44:24

有訟事必審鞫、
유 송 사 필 심 국

按我律而斷之、
안 아 률 이 단 지

在我諸節期、
재 아 제 절 기

必守我法律典章、
필 수 아 법 률 전 장

亦守我安息日爲聖、
역 수 아 안 식 일 위 성

겔 44:25

勿近尸、
물 근 시

致自玷、
치 자 점

惟爲父母、
유 위 부 모

子女兄弟、
자 녀 형 제

未嫁之姊妹、
미 가 지 자 매

則可自玷、
칙 가 자 점

겔 44:26

成潔之後、
성 결 지 후

當計七日、
당 계 칠 일

겔 44:27

入內院、
입 내 원

詣聖所、
예 성 소

以供役事之日、
이 공 역 사 지 일

必獻其贖罪祭、
필 헌 기 속 죄 제

主耶和華言之矣、
주 야 화 화 언 지 의

겔 44:28

祭司必有其業、
제 사 필 유 기 업

卽我是也、
즉 아 시 야

勿在以色列
물 재 이 색 열

中與之業、
중 여 지 업

我爲其業也、
아 위 기 업 야

겔 44:29

素祭補過祭
소 제 보 과 제

贖罪祭、
속 죄 제

彼可得而食之、
피 가 득 이 식 지

以色列中
이 색 열 중

所獻之物、
소 헌 지 물

悉歸祭司、
실 귀 제 사

겔 44:30

凡初熟之實、
범 초 숙 지 실

及所獻之舉祭、
급 소 헌 지 거 제

悉歸祭司、
실 귀 제 사

初熟之麥屑、
초 숙 지 맥 설

亦予祭司、
역 여 제 사

俾福臨於爾家、
비 복 림 어 이 가

겔 44:31

凡自斃與攫裂之物、
범자폐여확렬지물

或禽或獸、
혹금혹수

祭司不可食之、
제사불가식지

以西結書 第四十五章
이서결서 제사십오장

겔 45:1

爾曹掣籤分
이조제첨분

地爲業、
지위업

當獻一區
당헌일구

於耶和華、
어야화화

以爲聖地、
이위성지

長二萬五千肘、
장이만오천주

廣一萬肘、
광일만주

其界四周、
기계사주

俱爲聖地、
구 위 성 지

겔 45:2

其中復別一區、
기 중 복 별 일 구

以爲聖所、
이 위 성 소

長五百肘、
장 오 백 주

廣五百肘、
광 오 백 주

其式維方、
기 식 유 방

其外四周五十肘、
기 외 사 주 오 십 주

以爲隙地、
이 위 극 지

겔 45:3

於斯聖地、
어 사 성 지

復量一區、
복 량 일 구

長二萬五千肘、
장 이 만 오 천 주

廣一萬肘、
광 일 만 주

其中必有聖所、
기 중 필 유 성 소

乃爲至聖、
내 위 지 성

겔 45:4

此乃斯土之聖地、
차 내 사 토 지 성 지

必歸於供役聖所、
필 귀 어 공 역 성 소

近前奉事耶和華之祭
근 전 봉 사 야 화 화 지 제

司、
사

以爲第宅及聖所之聖
이 위 제 댁 급 성 소 지 성

地、
지

겔 45:5

其一區、
기 일 구

長二萬五千肘、
장 이 만 오 천 주

廣一萬肘、
광 일 만 주

必歸於殿中供役之利
필 귀 어 전 중 공 역 지 리

未人爲業、
미 인 위 업

建邑以居、
건 읍 이 거

겔 45:6

所獻聖地之旁、
소 헌 성 지 지 방

當定一區、
당 정 일 구

廣五千肘、
광 오 천 주

長二萬五千肘、
장 이 만 오 천 주

以建邑、
이 건 읍

歸於以色列全家、
귀 어 이 색 열 전 가

겔 45:7

於所獻之聖地、
어 소 헌 지 성 지

及建邑之地、
급 건 읍 지 지

左右相向之處、
좌 우 상 향 지 처

必歸於君、
필 귀 어 군

西至國之西界、
서 지 국 지 서 계

東至國之東界、
동 지 국 지 동 계

長與聖地東西之界
장 여 성 지 동 서 지 계

同、
동

겔 45:8

以色列中爲君者、
이 색 열 중 위 군 자

可得斯地爲畿、
가 득 사 지 위 기

免其復虐我民、
면 기 복 학 아 민

餘地則予以色列家、
여 지 칙 여 이 색 열 가

循其支派、○
순 기 지 파

겔 45:9

主耶和華曰、
주 야 화 화 왈

以色列君乎、
이 색 열 군 호

斯已足矣、
사 이 족 의

強暴苛虐、
강 폭 가 학

爾其去之、
이 기 거 지

秉公行義、
병 공 행 의

勿復佔據民業、
물 복 점 거 민 업

主耶和華言之矣、
주 야 화 화 언 지 의

겔 45:10

當有公權、
당 유 공 권

公伊法、
공 이 법

公罷特、
공 파 특

겔 45:11

伊法罷特、
이 법 파 특

其量必均、
기 량 필 균

伊法罷特、
이 법 파 특

皆容賀梅爾十分之一、
개 용 하 매 이 십 분 지 일

俱以賀梅爾爲準、
구 이 하 매 이 위 준

겔 45:12

二十季拉爲一舍客勒、
이 십 계 랍 위 일 사 객 륵

五爲五、
오 위 오

十爲十、
십 위 십

五十舍客勒爲一彌那、
오 십 사 객 륵 위 일 미 나

겔45:13

所當獻之禮物如左、
소 당 헌 지 예 물 여 좌

小麥一賀梅爾中、
소 맥 일 하 매 이 중

當獻伊法六分之一、
당 헌 이 법 육 분 지 일

麰麥一賀梅爾中、
모 맥 일 하 매 이 중

亦獻伊法六分之一、
역 헌 이 법 육 분 지 일

겔45:14

油之定數、
유 지 정 수

一歌珥卽一賀梅爾
일 가 이 즉 일 하 매 이

中、
중

當獻罷特十分之一、
당 헌 파 특 십 분 지 일

蓋一賀梅爾爲十罷
개 일 하 매 이 위 십 파

特、
특

겔45:15

在以色列潤澤之草
재 이 색 열 윤 택 지 초

場、
장

二百羔中、
이 백 고 중

獻一以爲素祭燔祭、
헌 일 이 위 소 제 번 제

及酬恩祭、
급 수 은 제

爲民贖罪、
위 민 속 죄

主耶和華言之矣、
주 야 화 화 언 지 의

겔 45:16

斯土衆民、
사 토 중 민

各當以此禮物、
각 당 이 차 예 물

奉於以色列君、
봉 어 이 색 열 군

겔 45:17

其君之職、
기 군 지 직

乃於節期月朔安息
내 어 절 기 월 삭 안 식

日、
일

及以色列
급 이 색 열

家諸節期、
가 제 절 기

獻燔祭素
헌 번 제 소

祭及灌祭、
제 급 관 제

必備贖罪祭、
필 비 속 죄 제

素祭、
소 제

燔祭、
번 제

酬恩祭、
수 은 제

爲以色列
위 이 색 열

家贖罪、○
가 속 죄

겔 45:18

主耶和華曰、
주 야 화 화 왈

正月朔、
정 월 삭

必取無疵之牡犢一、
필 취 무 자 지 모 독 일

以潔聖所、
이 결 성 소

겔 45:19

祭司取贖罪祭牲之
제 사 취 속 죄 제 생 지

血、
혈

釁室之門橛、
흔 실 지 문 궐

壇邊之四隅、
단 변 지 사 우

及內院之門橛、
급 내 원 지 문 궐

겔 45:20

七月朔、
칠 월 삭

當爲誤犯罪、
당 위 오 범 죄

及無知而犯者、
급 무 지 이 범 자

亦行此禮、
역 행 차 예

以潔斯室、
이 결 사 실

겔 45:21

正月十四日、
정 월 십 사 일

當守逾越節、
당 수 유 월 절

七日爲節期、
칠 일 위 설 기

食無酵餠、
식 무 효 병

겔 45:22

是日君必爲己及斯土
시 일 군 필 위 기 급 사 토

之民、
지 민

備牡犢一、
비 모 독 일

爲贖罪祭、
위 속 죄 제

겔 45:23

歷節期之七日、
력 절 기 지 칠 일

爲耶和華備無疵之牡
위 야 화 화 비 무 자 지 모

犢七、
독 칠

牡綿羊七、
모 면 양 칠

以爲燔祭、
이 위 번 제

亦必日備牡山羊一、
역 필 일 비 모 산 양 일

爲贖罪祭、
위 속 죄 제

겔 45:24

亦爲各牡犢、
역 위 각 모 독

各牡綿羊、
각 모 면 양

備麪一伊法、
비 면 일 이 법

每麪一伊法、
매 면 일 이 법

加油一欣、
가 유 일 흔

以爲素祭、
이 위 소 제

겔 45:25

七月望、
칠 월 망

守節期歷七日、
수 절 기 력 칠 일

亦當如是而行、
역 당 여 시 이 행

俱循贖罪祭、
구 순 속 죄 제

燔祭、
번 제

素祭、
소 제

及油之數、
급 유 지 수

以西結書 第四十六章
이 서 결 서 제 사 십 륙 장

겔 46:1

主耶和華曰、
주 야 화 화 왈

內院東向之門、
내 원 동 향 지 문

六日間操作時、
육 일 간 조 작 시

必閉之、
필 폐 지

惟安息日及月朔、
유 안 식 일 급 월 삭

必啟之、
필 계 지

겔 46:2

君入、
군 입

必由外門之廊、
필 유 외 문 지 랑

立於門柱之側、
립 어 문 주 지 측

祭司為備燔祭酬恩
제 사 위 비 번 제 수 은

祭、
제

君拜於門閾、
군 배 어 문 역

然後出、
연 후 출

而門不閉、
이 문 불 폐

至於日暮、
지 어 일 모

겔 46:3

斯土之民、
사 토 지 민

於安息日月朔、
어 안 식 일 월 삭

必在是門闕、
필 재 시 문 궐

崇拜於耶和華前、
숭 배 어 야 화 화 전

겔 46:4

安息日、
안 식 일

君所獻於耶和華之燔
군 소 헌 어 야 화 화 지 번

祭、
제

乃無疵之綿羊羔六、
내 무 자 지 면 양 고 육

牡綿羊一、
모 면 양 일

겔 46:5

亦備素祭、
역 비 소 제

爲牡綿羊麪一伊法、
위 모 면 양 면 일 이 법

爲羔羊各隨其力、
위 고 양 각 수 기 력

每麪一伊法、
매 면 일 이 법

加油一欣、
가 유 일 흔

겔 46:6

月朔所獻者、
월 삭 소 헌 자

乃無疵之牡犢一、
내 무 자 지 모 독 일

及綿羊羔六、
급 면 양 고 육

牡綿羊一、
모 면 양 일

皆無疵者、
개 무 자 자

겔 46:7

亦備素祭、
역 비 소 제

爲牡犢麪一伊法、
위 모 독 면 일 이 법

爲牡綿羊麪一伊法、
위 모 면 양 면 일 이 법

爲羔羊各隨其力、
위 고 양 각 수 기 력

每麪一伊法、
매 면 일 이 법

加油一欣、
가 유 일 흔

겔 46:8

君入、
군 입

必由門廊之道、
필 유 문 랑 지 도

出亦由之、
출 역 유 지

겔 46:9

斯土之民、
사 토 지 민

於諸節期、
어 제 절 기

詣耶和華前時、
예 야 화 화 전 시

凡由北門入而崇拜
범 유 북 문 입 이 숭 배

者、
자

必由南門而出、
필 유 남 문 이 출

由南門而入者、
유 남 문 이 입 자

必由北門而出、
필 유 북 문 이 출

不可返於所入之門、
불 가 반 어 소 입 지 문

必直前而出焉、
필 직 전 이 출 언

겔 46:10

民入、
민 입

君亦於其中而入、
군 역 어 기 중 이 입

民出、
민 출

君亦偕之、
군 역 해 지

겔 46:11

大會節期之素祭、
대 회 절 기 지 소 제

爲牡犢麪一伊法、
위 모 독 면 일 이 법

爲牡綿羊麪一伊法、
위 모 면 양 면 일 이 법

爲羔羊各隨其力、
위 고 양 각 수 기 력

每麪一伊法、
매 면 일 이 법

加油一欣、
가 유 일 흔

겔 46:12

如君願備燔祭、
여 군 원 비 번 제

或酬恩祭、
혹 수 은 세

爲樂獻之祭、
위 악 헌 지 제

奉於耶和華、
봉 어 야 화 화

必爲之啟東向之門、
필 위 지 계 동 향 지 문

獻其燔祭、
헌 기 번 제

或酬恩祭、
혹 수 은 제

如安息日然、
여 안 식 일 연

旣出、
기 출

則閉其門、
칙 폐 기 문

겔 46:13

日備一歲無疵之羔、
일 비 일 세 무 자 지 고

以爲燔祭、
이 위 번 제

奉於耶和華、
봉 어 야 화 화

每晨備之、
매 신 비 지

겔 46:14

每晨必備素祭、
매 신 필 비 소 제

麪一伊法六分之一、
면 일 이 법 육 분 지 일

油一欣三分之一和
유 일 흔 삼 분 지 일 화

之、
지

以爲耶和華之素祭、
이 위 야 화 화 지 소 제

循其常例、
순 기 상 례

겔 46:15

每晨必備羔羊、
매 신 필 비 고 양

素祭及油、
소 제 급 유

爲恆獻之燔祭、○
위 긍 헌 지 번 제

겔 46:16

主耶和華曰、
주 야 화 화 왈

如君錫物於子、
여 군 석 물 어 자

則爲子有、
칙 위 자 유

以爲恆業、
이 위 긍 업

겔 46:17

若以產業錫於臣僕、
약 이 산 업 석 어 신 복

則爲彼有、
칙 위 피 유

越居豁免之年、
월 계 활 면 지 년

乃歸於君、
내 귀 어 군

惟君之業、
유 군 지 업

必歸於子、
필 귀 어 자

겔 46:18

君欲錫土於子、
군 욕 석 토 어 자

必取畿輔予之、
필 취 기 보 여 지

勿逐民出其業、
물 축 민 출 기 업

免我民失業而星散、
면 아 민 실 업 이 성 산

○

겔 46:19

其人導我、
기 인 도 아

由門旁之道而入、
유 문 방 지 도 이 입

詣祭司北向之聖室、
예 제 사 북 향 지 성 실

見其西有一所、
견 기 서 유 일 소

겔 46:20

遂告我曰、
수 고 아 왈

此乃祭司烹補過祭、
차 내 제 사 팽 보 과 제

贖罪祭、
속 죄 제

及炙素祭之所、
급 자 소 제 지 소

免其擕至外院、
면 기 휴 지 외 원

俾民成聖、
비 민 성 성

겔 46:21

復導我入外院、
복 도 아 입 외 원

使我經行院之四隅、
사 아 경 행 원 지 사 우

見每隅有院、
견 매 우 유 원

겔 46:22

院之四隅、
원 지 사 우

各有環牆之院、
각 유 환 장 지 원

長四十肘、
장 사 십 주

廣三十肘、
광 삼 십 주

四院之度維一、
사 원 지 도 유 일

겔 46:23

小院四周有廊、
소 원 사 주 유 랑

其下遍有烹飪之所、
기 하 편 유 팽 임 지 소

겔 46:24

其人告我云、
기 인 고 아 운

斯乃烹飪之室、
사 내 팽 임 지 실

庶民所獻祭牲、
서 민 소 헌 제 생

室中供役者、
실 중 공 역 자

必烹之於此、
필 팽 지 어 차

以西結書 第四十七章
이 서 결 서 제 사 십 칠 장

겔 47:1

其人導我返至室門、
기 인 도 아 반 지 실 문

其室東向、
기 실 동 향

門閾之下、
문 역 지 하

有水湧出、
유 수 용 출

流於東方、
류 어 동 방

由室右及壇南而下、
유 실 우 급 단 남 이 하

겔 47:2

遂導我自北門而出、
수 도 아 자 북 문 이 출

由向東之道、
유 향 동 지 도

折至外門、
절 지 외 문

見水出於右、
견 수 출 어 우

겔 47:3

其人執繩、
기 인 집 승

向東而出、
향 동 이 출

量千肘、
량 천 주

使我涉之、
사 아 섭 지

其水沒踝、
기 수 몰 과

겔 47:4

又量千肘、
우 량 천 주

使我涉之、
사 아 섭 지

其水沒膝、
기 수 몰 슬

再量千肘、
재 량 천 주

使我涉之、
사 아 섭 지

其水沒腰、
기 수 몰 요

겔 47:5

又量千肘、
우 량 천 주

其水成河、
기 수 성 하

我不得涉、
아 불 득 섭

蓋水氾濫、
개 수 범 람

可泳而不可涉矣、
가 영 이 불 가 섭 의

겔 47:6

遂謂我曰、
수 위 아 왈

人子歟、
인 자 여

爾見此乎、
이 견 차 호

乃導我返於河濱、
내 도 아 반 어 하 빈

겔 47:7

既返、
기 반

則見河濱左右、
칙 견 하 빈 좌 우

林木繁多、
림 목 번 다

겔 47:8

其人謂我曰、
기 인 위 아 왈

此水流於東方、
차 수 류 어 동 방

下至亞拉巴、
하 지 아 랍 파

而入於海、
이 입 어 해

旣入於海、
기 입 어 해

海水變甘、
해 수 변 감

겔 47:9

此河所至之地、
차 하 소 지 지 지

諸動物必得滋生、
제 동 물 필 득 자 생

鱗族繁衍、
린 족 번 연

斯水旣至、
사 수 기 지

海水變甘、
해 수 변 감

所至之處、
소 지 지 처

百物生焉、
백 물 생 언

겔 47:10

漁人必立河濱、
어 인 필 립 하 빈

自隱基底至隱以革
자 은 기 저 지 은 이 혁

蓮、
련

爲張網之所、
위 장 망 지 소

其中之魚、
기 중 지 어

種類俱備、
종 류 구 비

厥數繁多、
궐 수 번 다

若大海之魚然、
약 대 해 지 어 연

겔 47:11

惟其淤地水澤、
유기어지수택

水不變甘、
수불변감

留爲斥鹵、
류위척로

겔 47:12

河濱左右、
하빈좌우

生長各樹、
생장각수

其實可餐、
기실가찬

其葉不凋、
기엽불조

其果不斷、
기과부단

因水出於聖所、
인수출어성소

月結新實、
월결신실

果可爲食、
과가위식

葉可醫疾、○
엽가의질

겔 47:13

主耶和華曰、
주 야 화 화 왈

爾分斯土爲業、
이 분 사 토 위 업

循以色列十二支派、
순 이 색 열 십 이 지 파

其界如左、
기 계 여 좌

約瑟必得二區、
약 슬 필 득 이 구

겔 47:14

昔我擧手而言、
석 아 거 수 이 언

以斯土錫爾列祖、
이 사 토 석 이 열 조

爾必共分、
이 필 공 분

得之爲業、
득 지 위 업

겔 47:15

斯土北界、
사 토 북 계

自大海、
자 대 해

沿希特倫、
연 희 특 륜

至西達達境、
지 서 달 달 경

겔 47:16

哈馬比羅他與西伯
합 마 비 라 타 여 서 백

蓮、
련

西伯蓮在大馬色哈馬
서 백 련 재 대 마 색 합 마

二界之間、
이 계 지 간

及浩蘭旁之哈撒哈提
급 호 란 방 지 합 살 합 제

干、
간

겔 47:17

自海至大馬色界之哈
자 해 지 대 마 색 계 지 합

薩以難、
살 이 난

北以哈馬爲界、
북 이 합 마 위 계

此爲北界、
차 위 북 계

겔 47:18

東界在浩蘭及大馬色
동 계 재 호 란 급 대 마 색

基列、
기 열

與以色列地之間、
여 이 색 열 지 지 간

乃約但河、
내 약 단 하

自北界至東海量之、
자 북 계 지 동 해 량 지

此爲東界、
차 위 동 계

겔 47:19

南界自他瑪至米利巴
남 계 자 타 마 지 미 리 파

加低斯水、
가 저 사 수

迄埃及溪、
흘 애 급 계

延及大海、
연 급 대 해

此爲南界、
차 위 남 계

겔 47:20

西界大海、
서 계 대 해

自南界至哈馬道、
자 남 계 지 합 마 도

此爲西界、
차 위 서 계

겔 47:21

當以斯土、
당 이 사 토

循以色列支派而分
순 이 색 열 지 파 이 분

之、
지

겔 47:22

掣籤分地與爾、
체 첨 분 지 여 이

及旅爾中而生子之外
급 려 이 중 이 생 자 지 외

人、
인

斯人爾必視如以色列
사 인 이 필 시 여 이 색 열

本族、
본 족

彼必於以色列支派
피 필 어 이 색 열 지 파

中、
중

與爾共得地爲業、
여 이 공 득 지 위 업

겔 47:23

外人旅於何支派中、
외 인 려 어 하 지 파 중

爾必於彼以業給之、
이 필 어 피 이 업 급 지

主耶和華言之矣、
주 야 화 화 언 지 의

以西結書 第四十八章
이 서 결 서 제 사 십 팔 장

겔 48:1

支派之名如左、
지 파 지 명 여 좌

在北界、
재 북 계

由希特倫至哈馬道、
유 희 특 륜 지 합 마 도

延及大馬色
연급대마색

界之哈薩以難、
계지합살이난

北向至於哈馬、
북향지어합마

自東至西、
자동지서

爲但所得之區、
위단소득지구

겔 48:2

附但之界、
부단지계

自東至西、
자동지서

爲亞設所得之區、
위아설소득지구

겔 48:3

附亞設之界、
부아설지계

自東至西、
자동지서

爲拿弗他利所得之
위나불타리소득지

區、
구

겔 48:4

附拿弗他利之界、
부 나 불 타 리 지 계

自東至西、
자 동 지 서

爲瑪拿西
위 마 나 서

所得之區、
소 득 지 구

겔 48:5

附瑪拿西之界、
부 마 나 서 지 계

自東至西、
자 동 지 서

爲以法蓮
위 이 법 련

所得之區、
소 득 지 구

겔 48:6

附以法蓮之界、
부 이 법 련 지 계

自東至西、
자 동 지 서

爲流便所得之區、
위 류 편 소 득 지 구

겔 48:7

附流便之界、
부 류 편 지 계

自東至西、
자 동 지 서

爲猶大所得之區、
위 유 대 소 득 지 구

겔 48:8

附猶大之界、
부 유 대 지 계

自東至西、
자 동 지 서

爲爾所獻之地、
위 이 소 헌 지 지

廣二萬五千肘、
광 이 만 오 천 주

自東至西、
자 동 지 서

長如他區之一、
장 여 타 구 지 일

聖所必在其中、
성 소 필 재 기 중

겔 48:9

爾所獻於耶和華之
이 소 헌 어 야 화 화 지

地、
지

必長二萬五千肘、
필 장 이 만 오 천 주

廣一萬肘、
광 일 만 주

겔 48:10

所獻之聖地、
소 헌 지 성 지

必歸於祭司、
필 귀 어 제 사

北向長二萬五千肘、
북 향 장 이 만 오 천 주

東向廣一萬肘、
동 향 광 일 만 주

西向廣一萬肘、
서 향 광 일 만 주

南向長二萬五千肘、
남 향 장 이 만 오 천 주

耶和華之聖所、
야 화 화 지 성 소

必在其中、
필 재 기 중

겔 48:11

斯地歸於撒督之裔、
사 지 귀 어 살 독 지 예

區別爲祭司、
구 별 위 제 사

供我職事者、
공 아 직 사 자

昔以色列族迷途時、
석 이 색 렬 족 미 도 시

彼不若利未人之迷
피 불 약 리 미 인 지 미

罔、
망

겔 48:12

故附利未之界、
고 부 리 미 지 계

所獻之地、
소 헌 지 지

必歸於彼、
필 귀 어 피

以爲至聖之區、
이 위 지 성 지 구

겔 48:13

附祭司之地、
부 제 사 지 지

利未人必得一區、
리 미 인 필 득 일 구

長二萬五千肘、
장 이 만 오 천 주

廣一萬肘、
광 일 만 주

겔 48:14

此區歸於耶和華爲
차 구 귀 어 야 화 화 위

聖、
성

利未人不可鬻之、
리 미 인 불 가 죽 지

不可易之、
불 가 역 지

其土產之初實、
기 토 산 지 초 실

不可歸於他人、
불 가 귀 어 타 인

겔 48:15

附此二萬五千肘之
부 차 이 만 오 천 주 지

區、
구

所 餘 一 區、
소 여 일 구

廣 五 千 肘、
광 오 천 주

以 爲 俗 地、
이 위 속 지

建 邑 築 室、
건 읍 축 실

亦 爲 郊 野、
역 위 교 야

邑 在 其 中、
읍 재 기 중

겔 48:16

其 度 如 左、
기 도 여 좌

東 西 四 千 五 百 肘、
동 서 사 천 오 백 주

南 北 四 千 五 百 肘、
남 북 사 천 오 백 주

겔 48:17

邑 郊、
읍 교

東 西 二 百 五 十 肘、
동 서 이 백 오 십 주

南北二百五十肘、
남 북 이 백 오 십 주

겔 48:18

附於所獻聖地、
부 어 소 헌 성 지

其餘之區、
기 여 지 구

東一萬肘、
동 일 만 주

西一萬肘、
서 일 만 주

與聖地相等、
여 성 지 상 등

其土所產、
기 도 소 산

歸於邑中供役者爲
귀 어 읍 중 공 역 자 위

食、
식

겔 48:19

以色列支派、
이 색 렬 지 파

於邑中供役者、
어 읍 중 공 역 자

必耕種其地、
필 경 종 기 지

겔 48:20

所獻之聖地、
소 헌 지 성 지

與建邑之地、
여 건 읍 지 지

其式維方、
기 식 유 방

長二萬五千肘、
장 이 만 오 천 주

廣二萬五千肘、 ○
광 이 만 오 천 주

겔 48:21

聖地與邑地、
성 지 여 읍 지

左右餘地、
좌 우 여 지

東二萬五千肘、
동 이 만 오 천 주

西二萬五千肘、
서 이 만 오 천 주

與聖地相等、
여 성 지 상 등

必歸於君、
필귀어군

聖地聖室、
성지성실

必在其中、
필재기중

겔 48:22

猶大便雅憫二界間之
유대편아민이계간지

地、
지

除利未人之區及邑地
제리미인지구급읍지

外、
외

鹹歸於君、 ○
함귀어군

겔 48:23

其餘支派、
기여지파

自東至西、
자동지서

爲便雅憫所得之區、
위편아민소득지구

겔 48:24

附便雅憫之界、
부 편 아 민 지 계

自東至西、
자 동 지 서

爲西緬所得之要、
위 서 면 소 득 지 요

겔 48:25

附西緬之界、
부 서 면 지 계

自東至西、
자 동 지 서

爲以薩迦所得之區、
위 이 살 가 소 득 지 구

겔 48:26

附以薩迦之界、
부 이 살 가 지 계

自東至西、
자 동 지 서

爲西布倫所得之區、
위 서 포 륜 소 득 지 구

겔 48:27

附西布倫之界、
부 서 포 륜 지 계

自東至西、
자 동 지 서

爲迦得所得之區、
위 가 득 소 득 지 구

겔 48:28

迦得之南界、
가 득 지 남 계

自他瑪至米利巴加低
자 타 마 지 미 리 파 가 저

斯水、
사 수

迄埃及溪、
흘 애 급 계

延及大海、
연 급 대 해

겔 48:29

爾當掣籤、
이 당 체 첨

分於以色列支派爲業
분 어 이 색 렬 지 파 위 업

之地、
지 지

其所得之區卽此、
기 소 득 지 구 즉 차

主耶和華言之矣、○
주 야 화 화 언 지 의

、

겔 48:30
邑之四方及門如左、
읍 지 사 방 급 문 여 좌
北方四千五百肘、
북 방 사 천 오 백 주

겔 48:31
邑門依以色列支派之
읍 문 의 이 색 렬 지 파 지
名名之、
명 명 지
北向有三門、
북 향 유 삼 문
一流便門、
일 류 편 문
一猶大門、
일 유 대 문
一利未門、
일 리 미 문

겔 48:32
東方四千五百肘、
동 방 사 천 오 백 주
有三門、
유 삼 문

一約瑟門、
일 약 슬 문

一便雅憫門、
일 편 아 민 문

一但門、
일 단 문

겔 48:33

南方四千五百肘、
남 방 사 천 오 백 주

有三門、
유 삼 문

一西緬門、
일 서 면 문

一以薩迦門、
일 이 살 가 문

一西布倫門、
일 서 포 륜 문

겔 48:34

西方四千五百肘、
서 방 사 천 오 백 주

有三門、
유 삼 문

一迦得門、
일 가 득 문

一亞設門、
일 아 설 문

一拿弗他利門、
일 나 불 타 리 문

겔 48:35

邑之四周、
읍 지 사 주

共計一萬八千肘、
공 계 일 만 팔 천 주

是日以後、
시 일 이 후

邑名曰耶和華在此
읍 명 왈 야 화 화 재 차

但以理書 第一章
단 이 리 서 제 일 장

단 1:1

猶大王約雅敬
유 대 왕 약 아 경

三年、
상 년

巴比倫王
파 비 륜 왕

尼布甲尼撒、
니 포 갑 니 살

至耶路撒冷圍之、
지 야 로 살 랭 위 지

단 1:2

主以猶大王
주 이 유 대 왕

約雅敬、
약 아 경

及祆上帝室
급 천 상 제 실

之器一分、
지 기 일 분

付於其手、
부 어 기 수

攜器至示拿地、
휴 기 지 시 나 지

入於其神之廟、
입 어 기 신 지 묘

置於其神之庫、
치 어 기 신 지 고

단 1:3

王諭宦官長
왕 유 환 관 장

亞施毘拿、
아 시 비 나

以以色列宗室、
이 이 색 열 종 실

及顯者中數人、
급 현 자 중 수 인

攜之而至、
휴 지 이 지

단 1:4

卽少年無疵、
즉 소 년 무 자

美姿容、
미 자 용

嫺智慧、
한 지 혜

具知識、
구 지 식

明格致、
명 격 치

可侍於王宮者、
가 시 어 왕 궁 자

教以迦勒底
교 이 가 륵 저

人之學術語言、
인 지 학 술 어 언

단 1:5

王命日以己
왕 명 일 이 기

所用之膳、
소 용 지 선

所飮之酒頒之、
소 음 지 주 반 지

養之三年、
양 지 삼 년

屆期侍於王前、
계 기 시 어 왕 전

단 1:6

中有猶大
중 유 유 대

人但以理、
인 단 이 리

哈拿尼雅、
합 나 니 아

米沙利、
미 사 리

亞撒利雅、
아 살 리 아

단 1:7

宦官長易其名、
환 관 장 역 기 명

稱但以理曰
칭 단 이 리 왈

伯提沙撒、
백 제 사 살

稱哈拿尼雅曰
칭 합 나 니 아 왈

沙得拉、
사 득 랍

稱米沙利曰米煞、
칭 미 사 리 왈 미 살

稱亞撒利雅曰
칭 아 살 리 아 왈

亞伯尼歌、
아 백 니 가

단 1:8

惟但以理立誌、
유 단 이 리 립 지

不以王膳與酒自污、
불 이 왕 선 여 주 자 오

遂求宦官長免其受
수 구 환 관 장 면 기 수
汚、
오

단 1:9
祆上帝使但以理蒙恩
천 상 제 사 단 이 리 몽 은
惠憐恤於宦官長、
혜 련 휼 어 환 관 장

단 1:10
宦官長謂但以理曰、
환 관 장 위 단 이 리 왈
我畏我主我王、
아 외 아 주 아 왕
旣定爾之飮食、
기 정 이 지 음 식
何可見爾形容憔悴、
하 가 견 이 형 용 초 췌
不及爾同年少者乎、
불 급 이 동 년 소 자 호
若然、
약 연
則於王前、
칙 어 왕 전

使我莫保首領、
사 아 막 보 수 령

단 1:11

宦官長委保傅、
환 관 장 위 보 부

監理但以理、
감 리 단 이 리

哈拿尼雅、
합 나 니 아

米沙利、
미 사 리

亞撒利雅、
아 살 리 아

단 1:12

但以理謂之曰、
단 이 리 위 지 왈

請試爾僕、
청 시 이 복

飯蔬飮水十日、
반 소 음 수 십 일

단 1:13

後觀我容、
후 관 아 용

及食王膳少者之容、
급 식 왕 선 소 자 지 용

依爾所見而待爾僕、
의 이 소 견 이 대 이 복

단 1:14

乃允斯事、
내 윤 사 사

試之十日、
시 지 십 일

단 1:15

越十日、
월 십 일

見其容、
견 기 용

較食王膳少者、
교 식 왕 선 소 자

尤美而豐、
우 미 이 풍

단 1:16

保傅乃去所頒之膳與
보 부 내 거 소 반 지 선 여

酒、
주

食以菜蔬、
식 이 채 소

단 1:17

此四少者、
자사소자

祆上帝賜以知識聰
천상제사이지식총

睿、
예

精於文字學術、
정어문자학술

但以理洞悉諸啟示及
단이리동실제계시급

夢兆、
몽조

단 1:18

屆王所定少者入覲之
계왕소정소자입근지

期、
기

宦官長引之見尼布甲
환관장인지견니포갑

尼撒、
니살

단 1:19

王與之言、
왕여지언

見其中無及但以理、
견 기 중 무 급 단 이 리

哈拿尼雅、
합 나 니 아

米沙利、
미 사 리

亞撒利雅者、
아 살 리 아 자

遂侍於王前、
수 시 어 왕 전

단 1:20

王於所詢智慧明哲之
왕 어 소 순 지 혜 명 철 지

事、
사

見其愈於舉國之巫人
견 기 유 어 거 국 지 무 인

術士十倍、
술 사 십 배

단 1:21

但以理在彼、
단 이 리 재 피

至古列王元年、
지 고 열 왕 원 년

但以理書 第二章
단 이 리 서 제 이 장

단 2:1

尼布甲尼撒二年、
니 포 갑 니 살 이 년

王得夢、
왕 득 몽

心煩不得寢、
심 번 불 득 침

단 2:2

乃召巫人、
내 소 무 인

術士卜筮、
술 사 복 서

及迦勒底人咸至、
급 가 륵 저 인 함 지

爲王說夢、
위 왕 설 몽

衆入、
중 입

立於王前、
립 어 왕 전

단 2:3

王謂之曰、
왕 위 지 왈

我得夢、
아 득 몽

中心煩擾、
중 심 번 요

欲知夢兆維何、
욕 지 몽 조 유 하

단 2:4

迦勒底人以亞蘭方言
가 륵 저 인 이 아 란 방 언

奏王曰、
주 왕 왈

願王萬歲、
원 왕 만 세

請以夢告僕、
청 이 몽 고 복

我則解之、
아 칙 해 지

단 2:5

王曰、
왕 왈

我命已出、
아 명 이 출

如爾不以夢、
여 이 불 이 몽

及其解告我、
급 기 해 고 아
必解爾體、
필 해 이 체
使爾室爲糞場、
사 이 실 위 분 장

단 2:6
如以夢及其解告我、
여 이 몽 급 기 해 고 아
則必自我而獲品物、
칙 필 자 아 이 획 품 물
賞賚、
상 뢰
及大尊榮、
급 대 존 영
故當以夢及其解告
고 당 이 몽 급 기 해 고
我、
아

단 2:7
彼復奏王曰、
피 복 주 왕 왈
請以夢告僕、
청 이 몽 고 복

我則解之、
아 칙 해 지

단 2:8

王曰、
왕 왈

我確知爾欲延其時、
아 확 지 이 욕 연 기 시

因知我命已出、
인 지 아 명 이 출

단 2:9

如爾不以夢告我、
여 이 불 이 몽 고 아

祇以一法懲爾、
기 이 일 법 징 이

因爾設誑言妄語告
인 이 설 광 언 망 어 고

我、
아

以待其時變易、
이 대 기 시 변 역

爾其以夢告我、
이 기 이 몽 고 아

則知爾能解之、
칙 지 이 능 해 지

단 2:10

迦勒底人對曰、
가륵저인대왈

王之事、
왕지사

天下無能示之、
천하무능시지

從未有君王、
종미유군왕

主治者、
주치자

掌權者、
장권자

以此詰巫人術士、
이차힐무인술사

及迦勒底人者、
급가륵저인자

단 2:11

王所詰者罕矣、
왕소힐자한의

除不居於形軀之神
제불거어형구지신

外、
외

無能告王、
무능고왕

단2:12

王因之怒、
왕 인 지 노

忿甚、
분 심

命殲巴比倫諸哲士、
명 섬 파 비 륜 제 철 사

단2:13

王命出、
왕 명 출

將誅哲士、
장 주 철 사

則索但以理、
칙 색 단 이 리

及其同儕、
급 기 동 제

欲殺之、
욕 살 지

단2:14

王之侍衛長亞畧出、
왕 지 시 위 장 아 략 출

欲殺巴比倫諸哲士、
욕 살 파 비 륜 제 철 사

但以理以聰明審愼與
단 이 리 이 총 명 심 신 여

之言、
지 언

단 2:15

曰、
왈

王命何若是嚴急哉、
왕 명 하 약 시 엄 급 재

亞畧以情告之、
아 략 이 정 고 지

단 2:16

但以理入覲、
단 이 리 입 근

求王寬限、
구 왕 관 한

爲王解之、○
위 왕 해 지

단 2:17

但以理歸、
단 이 리 귀

以告同儕哈拿尼雅、
이 고 동 제 합 나 니 아

米沙利、
미 사 리

亞撒利雅、
아 살 리 아

단 2:18

請其爲此秘奧、
청 기 위 차 비 오

求天上天上帝矜憫、
구 천 상 천 상 제 긍 민

免但以理及其同儕、
면 단 이 리 급 기 동 제

與其餘之巴比倫哲士
여 기 여 지 파 비 륜 철 사

偕亡、
해 망

단 2:19

於夜間異象中、
어 야 간 이 상 중

此秘奧顯示於但以
차 비 오 현 시 어 단 이

理、
리

但以理遂稱頌天上天
단 이 리 수 칭 송 천 상 천

上帝、
상 제

단 2:20

曰、
왈

智慧能力悉屬祆上
지 혜 능 력 실 속 천 상

帝、
제

願其名受頌美、
원 기 명 수 송 미

永世靡暨、
영 세 미 기

단 2:21

彼變更時日、
피 변 경 시 일

廢立君王、
폐 립 군 왕

以智賜哲士、
이 지 사 철 사

以識賜達人、
이 식 사 달 인

단 2:22

顯示隱微深奧之事、
현 시 은 미 심 오 지 사

洞悉暗中所有、
동 실 암 중 소 유

光與之偕、
광 여 지 해

단 2:23

我列祖之祆上帝歟、
아 열 조 지 천 상 제 여

我稱謝頌美爾、
아 칭 사 송 미 이

錫我智能、
석 아 지 능

以我儕之所求示我、
이 아 제 지 소 구 시 아

俾知王事、
비 지 왕 사

단 2:24

但以理入、
단 이 리 입

見王所命殲巴比倫哲
견 왕 소 명 섬 파 비 륜 철

士之亞畧曰、
사 지 아 략 왈

勿殲巴比倫哲士、
물 섬 파 비 륜 철 사

引我覲王、
인 아 근 왕

我必爲王解之、○
아 필 위 왕 해 지

단 2:25

亞畧急引但以理入覲
아 략 급 인 단 이 리 입 근

王、
왕

奏曰、
주 왈

於猶大俘囚中、
어 유 대 부 수 중

我得一人、
아 득 일 인

彼將爲王解之、
피 장 위 왕 해 지

단 2:26

王謂稱伯提沙撒之但
왕 위 칭 백 제 사 살 지 단

以理曰、
이 리 왈

我所得之夢與其解、
아 소 득 지 몽 여 기 해

爾能告我乎、
이 능 고 아 호

단 2:27

但以理對曰、
단 이 리 대 왈

王所問之秘奧、
왕 소 문 지 비 오

哲士術士、
철 사 술 사

巫人卜筮、
무 인 복 서

不能告王、
불 능 고 왕

단 2:28

惟在天有祆上帝、
유 재 천 유 천 상 제

顯示秘奧、
현 시 비 오

彼以末日必有之事、
피 이 말 일 필 유 지 사

示尼布甲尼撒王、
시 니 포 갑 니 살 왕

王在牀所得之夢、
왕 재 상 소 득 지 몽

及所見之異象乃此、
급 소 견 지 이 상 내 차

단 2:29

王在牀時、
왕 재 상 시

思未來之事、
사 미 래 지 사

今顯示秘奧者、
금 현 시 비 오 자

以必有之事示爾、
이 필 유 지 사 시 이

단 2:30

此秘奧顯示於我、
차 비 오 현 시 어 아

非因我有智慧、
비 인 아 유 지 혜

逾於衆生、
유 어 중 생

乃以夢兆告王、
내 이 몽 조 고 왕

俾知心之所思、
비 지 심 지 소 사

단 2:31

王見巨像、
왕 견 거 상

其形雄偉、
기 형 웅 위

輝煌特甚、
휘 황 특 심

立於王前、
립 어 왕 전

其狀可懼、
기 상 가 구

단 2:32

像首爲精金、
상 수 위 정 금

胸臂爲銀、
흉 비 위 은

腹股爲銅、
복 고 위 동

단 2:33

其脛爲鐵、
기 경 위 철

其足半鐵半泥、
기 족 반 철 반 니

단 2:34

王視之、
왕 시 지

見一石、
견 일 석

非人手所鑿、
비 인 수 소 착

擊厥像半鐵半泥之足
격 궐 상 반 철 반 니 지 족

而碎之、
이 쇄 지

단 2:35

於是鐵泥銅銀與金俱
어 시 철 니 동 은 여 금 구

碎、
쇄

如夏日禾場之秕糠、
여 하 일 화 장 지 비 강

爲風飄揚、
위 풍 표 양

無從尋覓、
무 종 심 멱

擊像之石、
격 상 지 석

成爲大山、
성 위 대 산

遍盈天下、
편 영 천 하

단 2:36

所夢若是、
소 몽 약 시

我今爲王解之、
아 금 위 왕 해 지

단 2:37

王歟、
왕 여

爾爲諸王之王、
이 위 제 왕 지 왕

天上祆上帝以國以
천 상 천 상 제 이 국 이

權、
권

以能以榮賜爾、
이 능 이 영 사 이

단 2:38

凡有居民之處、
범 유 거 민 지 처

野獸飛鳥、
야 수 비 조

悉付爾手、
실 부 이 수

俾爾治之、
비 이 치 지

金首卽爾也、
금 수 즉 이 야

단 2:39

爾後將有一國興起、
이 후 장 유 일 국 흥 기

亞於爾國、
아 어 이 국

又有其三之國若銅、
우 유 기 삼 지 국 약 동

統轄天下、
통 할 천 하

단 2:40

復有其四之國、
복 유 기 사 지 국

堅剛似鐵、
견 강 사 철

夫鐵能服百物而碎
부 철 능 복 백 물 이 쇄

之、
지

此國亦必行破壞如鐵
차 국 역 필 행 파 괴 여 철

然、
연

단 2:41

爾見其足與趾、
이 견 기 족 여 지

半爲陶人之泥、
반 위 도 인 지 니

半爲鐵者、
반 위 철 자

其國必分、
기 국 필 분

爾見鐵雜於泥、
이 견 철 잡 어 니

其國必有力如鐵然、
기 국 필 유 력 여 철 연

단 2:42

其趾半鐵半泥、
기 지 반 철 반 니

其國亦半强半弱、
기 국 역 반 강 빈 약

단 2:43

爾見鐵雜於泥、
이 견 철 잡 어 니

其民必與異族混雜、
기 민 필 여 이 족 혼 잡

惟彼此不相洽、
유 피 차 불 상 흡

如鐵不與泥合然、
여 철 불 여 니 합 연

단 2:44

當彼列王時、
당 피 열 왕 시

天 上 祆 上 帝 必 立 一
천 상 천 상 제 필 립 일

國、
국

永 不 見 滅、
영 불 견 멸

其 權 不 歸 他 族、
기 권 불 귀 타 족

將 毁 前 之 諸 國、
장 훼 전 지 제 국

而 盡 滅 之、
이 진 멸 지

其 國 恆 存 弗 替、
기 국 긍 존 불 체

단 2:45

爾 見 有 石、
이 견 유 석

自 山 鑿 出、
자 산 착 출

非 由 人 手、
비 유 인 수

擊 碎 鐵 銅 泥 銀 及 金、
격 쇄 철 동 니 은 급 금

斯 乃 惟 皇 祆 上 帝 以 未
사 내 유 황 천 상 제 이 미

來之事示王、
래 지 사 시 왕

其夢實眞、
기 몽 실 진

所解誠確、
소 해 성 확

단 2:46

尼布甲尼撒王遂面伏
니 포 갑 니 살 왕 수 면 복

於地、
어 지

拜但以理、
배 단 이 리

命以禮物香品奉之、
명 이 예 물 향 품 봉 지

단 2:47

王語但以理曰、
왕 어 단 이 리 왈

爾之祆上帝、
이 지 천 상 제

誠爲諸神之祆上帝、
성 위 제 신 지 천 상 제

諸王之主、
제 왕 지 주

顯示祕奧、
현 시 비 오

使爾知此祕奧、
사 이 지 차 비 오

단 2:48

王乃使但以理爲大、
왕 내 사 단 이 리 위 대

加以重賚、
가 이 중 뢰

立之治巴比倫全州、
립 지 치 파 비 륜 전 주

爲巴比倫哲士之長、
위 파 비 륜 철 사 지 장

단 2:49

但以理求於王、
단 이 리 구 어 왕

王乃立沙得拉米煞亞
왕 내 립 사 득 랍 미 살 아

伯尼歌、
백 니 가

分理巴比倫州事、
분 리 파 비 륜 주 사

惟但以理侍於御門、
유 단 이 리 시 어 어 문

但以理書 第三章
단 이 리 서 제 상 장

단 3:1

尼布甲尼撒王製金
니 포 갑 니 살 왕 제 금

像、
상

高六十肘、
고 육 십 주

廣六肘、
광 육 주

立於巴比倫州杜拉平
립 어 파 비 륜 주 두 랍 평

原、
원

단 3:2

遣使召諸方伯、
견 사 소 제 방 백

大臣牧伯、
대 신 목 백

刑官庫司、
형 관 고 사

議士士師、
의 사 사 사

及諸州牧咸至、
급 제 주 목 함 지

爲尼布甲尼撒王所立
위 니 포 갑 니 살 왕 소 립

之像、
지 상

行敬奉之禮、
행 경 봉 지 예

단 3:3

於是方伯、
어 시 방 백

大臣牧伯、
대 신 목 백

刑官庫司、
형 관 고 사

議士士師、
의 사 사 사

及諸州牧咸集、
급 제 주 목 함 집

爲尼布甲尼撒王所立
위 니 포 갑 니 살 왕 소 립

之像、
지 상

行敬奉之禮、
행 경 봉 지 예

俱立於像前、
구 립 어 상 전

단3:4

遒人大聲呼曰、
주 인 대 성 호 왈

諸民諸國、
제 민 제 국

諸方言者、
제 방 언 자

今命爾曹、
금 명 이 조

단3:5

爾於何時、
이 어 하 시

聞角簫琵琶琴瑟笙、
문 각 소 비 파 금 슬 생

及各樂器之音、
급 각 악 기 지 음

卽當伏拜尼布甲尼撒
즉 당 복 배 니 포 갑 니 살

王所立之金像、
왕 소 립 지 금 상

단3:6

凡不伏拜者、
범 불 복 배 자

卽時投於烈火之爐、
즉 시 투 어 렬 화 지 로

단 3:7

諸民聞角簫琵琶琴瑟、
제 민 문 각 소 비 파 금 슬

及各樂器之音時、
급 각 악 기 지 음 시

諸民諸國、
제 민 제 국

諸方言者、
제 방 언 자

遂伏拜尼布甲尼撒王
수 복 배 니 포 갑 니 살 왕

所立之金像、
소 립 지 금 상

단 3:8

時、
시

有迦勒底數人、
유 가 륵 저 수 인

進前控猶大人、
진 전 공 유 대 인

단 3:9

奏尼布甲尼撒王曰、
주 니 포 갑 니 살 왕 왈

願王萬歲、
원 왕 만 세

단 3:10

王歟、
왕 여

爾曾頒詔、
이 증 반 조

凡聞角簫琵琶琴瑟
범 문 각 소 비 파 금 슬

笙、
생

及各樂器之音、
급 각 악 기 지 음

當伏拜金像、
당 복 배 금 상

단 3:11

凡不伏拜者、
범 불 복 배 자

必投於烈火之爐、
필 투 어 렬 화 지 로

단 3:12

有猶大數人、
유 유 대 수 인

沙得拉、
사 득 랍

米煞、
미 살

亞伯尼歌、
아 백 니 가

乃王所立、
내 왕 소 립

以理巴比倫州事者、
이 리 파 비 륜 주 사 자

王歟、
왕 여

斯人不尊重爾、
사 인 불 존 중 이

不事爾神、
불 사 이 신

不拜爾所立之金像、
불 배 이 소 립 지 금 상

단 3:13

尼布甲尼撒怒、
니 포 갑 니 살 노

忿甚、
분 심

命擕沙得拉米煞亞伯
명 휴 사 득 랍 미 살 아 백

尼歌至、
니 가 지

遂攜之至於王前、
수 휴 지 지 어 왕 전

단 3:14

尼布甲尼撒謂之曰、
니 포 갑 니 살 위 지 왈

沙得拉、
사 득 랍

米煞、
미 살

亞伯尼歌、
아 벡 니 가

爾曹不事我神、
이 조 불 사 아 신

不拜我所立之金像、
불 배 아 소 립 지 금 상

乃故意乎、
내 고 의 호

단 3:15

今爾聞角簫琵琶琴瑟
금 이 문 각 소 비 파 금 슬

笙、
생

及各樂器之音、
금 각 악 기 지 음

願伏拜我所制之像、
원 복 배 아 소 제 지 상

則可、
칙 가

若不拜之、
약 불 배 지

必卽時投於烈火之
필 즉 시 투 어 렬 화 지

爐、
로

何神能拯爾於我手
하 신 능 증 이 어 아 수

耶、
야

단 3:16

沙得拉米煞亞伯尼歌
사 득 랍 미 살 아 백 니 가

對曰、
대 왈

尼布甲尼撒歟、
니 포 갑 니 살 여

斯事、
사 사

我儕無庸答爾、
아 제 무 용 답 이

단 3:17

果爾、
과 이

我所事之天上帝、
아 소 사 지 천 상 제

能拯我於烈火之爐、
능 증 아 어 렬 화 지 로

亦必拯我於爾手、
역 필 증 아 어 이 수

단 3:18

卽不然、
즉 불 연

王當知我決不事爾
왕 당 지 아 결 불 사 이

神、
신

不拜爾所立之金像、
불 배 이 소 립 지 금 상

단 3:19

尼布甲尼撒怒甚、
니 포 갑 니 살 노 심

向沙得拉米煞亞伯尼
향 사 득 랍 미 살 아 백 니

歌變色、
가변색

命爇其爐、
명설기로

烈較尋常七倍、
렬교심상칠배

단 3:20

亦命軍中壯士數人、
역명군중장사수인

縛沙得拉米煞亞伯尼
박사득랍미살아백니

歌、
가

投諸烈火之爐、
투제렬화지로

단 3:21

三人被縛、
삼인피박

仍衣褲袍與褻服、
잉의고포여설복

及他衣、
급타의

投於烈火之爐、
투어렬화지로

단 3:22

因王命孔亟、
인 왕 명 공 극

其爐甚熱、
기 로 심 열

投沙得拉米煞亞伯尼
투 사 득 랍 미 살 아 백 니

歌之人、
가 지 인

俱爲火燄所斃、
구 위 화 염 소 폐

단3:23

沙得拉米煞亞伯尼歌
사 득 랍 미 살 아 백 니 가

三人被縛、
삼 인 피 박

墮於烈火之爐、
타 어 렬 화 지 로

단3:24

時、
시

尼布甲尼撒王駭異、
니 포 갑 니 살 왕 해 이

急起、
급 기

謂議士曰、
위 의 사 왈

我所縛而投於火者、
아 소 박 이 투 어 화 자

非三人乎、
비 삼 인 호

對曰、
대 왈

王歟、
왕 여

是也、
시 야

단 3:25

王曰、
왕 왈

我見四人、
아 견 사 인

不縛不傷、
불 박 불 상

遊於火中、
유 어 화 중

其四者之貌、
기 사 자 지 모

有若神子、
유 약 신 자

단3:26

尼布甲尼撒近烈火之
니포갑니살근렬화지

爐門曰、
로문왈

至上夭上帝之僕、
지상천상제지복

沙得拉米煞亞伯尼歌
사득랍미살아백니가

歟、
여

其出而前、
기출이전

三人卽自火中出、
삼인즉자화중출

단3:27

方伯大臣牧伯、
방백대신목백

及王之議士咸集、
급왕지의사함집

見此三人、
견차삼인

火不能傷其身、
화불능상기신

首髮不焦、
수발불조

衣服不變、

의 복 불 변

火燎之臭、

화 료 지 취

亦未及之、

역 미 급 지

단 3:28

尼布甲尼撒曰、

니 포 갑 니 살 왈

沙得拉米煞亞伯尼歌

사 득 랍 미 살 아 백 니 가

之祆上帝、

지 천 상 제

宜頌美焉、

의 송 미 언

遣其使救賴之之僕、

견 기 사 구 뢰 지 지 복

彼背王命、

피 배 왕 명

自舍其身、

자 사 기 신

於其祆上帝外、

어 기 천 상 제 외

不事他神、

불 사 타 신

而崇拜之、
이 숭 배 지

단 3:29

我今頒詔、
아 금 반 조

各民各國、
각 민 각 국

各方言者、
각 방 언 자

凡謗沙得拉米煞亞伯
범 방 사 득 랍 미 살 아 백

尼歌之祆上帝、
니 가 지 친 상 제

必解其體、
필 해 기 체

使其室爲糞場、
사 기 실 위 분 장

蓋無他神能行拯救若
개 무 타 신 능 행 증 구 약

是、
시

단 3:30

王遂升沙得拉米煞亞
왕 수 승 사 득 랍 미 살 아

伯尼歌於巴比倫州、
백 니 가 어 파 비 륜 주

但以理書 第四章
단 이 리 서 제 사 장

단 4:1
尼布甲尼撒王詔天下
니 포 갑 니 살 왕 조 천 하
諸民諸國、
제 민 제 국
諸方言者曰、
제 방 언 자 왈
願爾平康增益、
원 이 평 강 증 익

단 4:2
至上祆上帝於我所行
지 상 천 상 제 어 아 소 행
之神蹟奇事、
지 신 적 기 사
我以宣之爲善、
아 이 선 지 위 선

단 4:3
大哉其神蹟、
대 재 기 신 적
偉哉其奇事、
위 재 기 기 사

其國永存、
기 국 영 존

其權歷世弗替、○
기 권 력 세 불 체

단 4:4

我尼布甲尼撒安居於
아 니 포 갑 니 살 안 거 어

我室、
아 실

暢遂於我宮、
창 수 어 아 궁

단 4:5

爰得一夢、
원 득 일 몽

令我畏懼、
령 아 외 구

在牀所思、
재 상 소 사

曁所得之異象、
기 소 득 지 이 상

使我煩擾、
사 아 번 요

단 4:6

乃命引巴比倫哲士、
내 명 인 파 비 륜 철 사

咸詣我前、
함 예 아 전

爲我解夢、
위 아 해 몽

단 4:7

於是巫人術士、
어 시 무 인 술 사

迦勒底人、
가 륵 저 인

卜筮皆至、
복 서 개 지

我告以夢、
아 고 이 몽

彼未爲我解之、
피 미 위 아 해 지

단 4:8

終有但以理、
종 유 단 이 리

依我神之名、
의 아 신 지 명

稱曰伯提沙撒、
칭 왈 백 제 사 살

爲聖神之靈所感者、
위 성 신 지 령 소 감 자

至於我前、
지 어 아 전

我以夢告之曰、
아 이 몽 고 지 왈

단 4:9

巫師長伯提沙撒歟、
무 사 장 백 제 사 살 여

我知聖神之靈寓於爾
아 지 성 신 지 령 우 어 이

中、
중

祕奧無足難爾、
비 오 무 족 난 이

其告我所得之夢象、
기 고 아 소 득 지 몽 상

爲我解之、
위 아 해 지

단 4:10

我在牀所得之異象若
아 재 상 소 득 지 이 상 약

是、
시

見有一樹、
견 유 일 수

植於地中、
식 어 지 중

其榦高甚、
기 간 고 심

단 4:11

其樹生長堅剛、
기 수 생 장 견 강

高凌霄漢、
고 릉 소 한

四極見之、
사 극 견 지

단 4:12

其葉秀茂、
기 엽 수 무

厥果繁多、
궐 과 번 다

足供衆生、
족 공 중 생

野獸伏於其蔭、
야 수 복 어 기 음

飛鳥棲於其枝、
비 조 서 어 기 지

凡有血氣者、
범 유 혈 기 자

由之得食、
유 지 득 식

단 4:13

我在牀所得之異象、
아 재 상 소 득 지 이 상

見一儆醒之聖使、
견 일 경 성 지 성 사

自天而降、
자 천 이 강

단 4:14

大聲呼曰、
대 성 호 왈

伐其樹、
벌 기 수

斫其枝、
작 기 지

搖落其葉、
요 락 기 엽

播散其果、
파 산 기 과

使獸離其下、
사 수 리 기 하

使鳥去其枝、
사 조 거 기 지

단 4:15

惟留其根於地、
유 류 기 근 어 지

在田野青草之間、
재 전 야 청 초 지 간

束以銅鐵之索、
속 이 동 철 지 색

溼以天露、
습 이 천 로

俾與野獸共囓地草、
비 여 야 수 공 설 지 초

단 4:16

變其人心、
변 기 인 심

予以獸心、
여 이 수 심

歷至七期、
력 지 칠 기

단 4:17

此乃儆醒者所定、
차 내 경 성 자 소 정

聖使所命、
성 사 소 명

使生民咸知至上者治
사 생 민 함 지 지 상 자 치

世人之國、
세 인 지 국

隨意畀人、
수 의 비 인

立人間之至卑者主
립 인 간 지 지 비 자 주

之、
지

단4:18

我尼布甲尼撒王所得
아 니 포 갑 니 살 왕 소 득

之夢卽此、
지 몽 즉 차

伯提沙撒歟、
백 제 사 살 어

爾其解之、
이 기 해 지

我國中諸哲士、
아 국 중 제 철 사

不能爲我解、
불 능 위 아 해

惟爾能之、
유 이 능 지

蓋聖神之靈寓於爾中
개 성 신 지 령 우 어 이 중

也、○
야

단 4:19

稱伯提沙撒之但以
칭 백 제 사 살 지 단 이

理、
리

愕然頃之、
악 연 경 지

中心煩擾、
중 심 번 요

王曰、
왕 왈

伯提沙撒歟、
백 제 사 살 여

勿以夢及其解煩擾、
물 이 몽 급 기 해 번 요

伯提沙撒對曰、
백 제 사 살 대 왈

我主歟、
아 주 여

願此夢應於憾爾者、
원 차 몽 응 어 감 이 자

其解應於爾敵、
기 해 응 어 이 적

단 4:20

爾所見之樹、
이 소 견 지 수

生長堅剛、
생 장 견 강

高凌霄漢、
고 릉 소 한

四極見之、
사 극 견 지

단 4:21

其葉秀茂、
기 엽 수 무

厥果繁多、
궐 과 번 다

足供衆生、
족 공 중 생

野獸伏於其下、
야 수 복 어 기 하

飛鳥棲於其枝、
비 조 서 어 기 지

단 4:22

王歟、
왕 여

生長堅剛者爾也、
생 장 견 강 자 이 야

爾之高大、
이 지 고 대

凌乎霄漢、
릉 호 소 한

爾之權勢、
이 지 권 세

及於地極、
급 어 지 극

단 4:23

王見儆醒之聖使、
왕 견 경 성 지 성 사

自天而降曰、
자 천 이 강 왈

伐其樹而毀之、
벌 기 수 이 훼 지

惟留其根於地、
유 류 기 근 어 지

在田野青草之間、
재 전 야 청 초 지 간

束以銅鐵之索、
속 이 동 철 지 색

溼以天露、
습 이 천 로

俾與野獸共囓乎草、
비 여 야 수 공 설 호 초

歷至七期、
력 지 칠 기

단 4:24

王歟、
왕 여

其解若是、
기 해 약 시

至上者所命定、
지 상 자 소 명 정

臨於我主我王、
림 어 아 주 아 왕

단 4:25

爾將被逐、
이 장 피 축

離乎人羣、
리 호 인 군

與野獸同居、
여 야 수 동 거

囓草如牛、
설 초 여 우

爲天露所濡、
위 천 로 소 유

歷至七期、
력 지 칠 기

迨爾知至上者治世人
태 이 지 지 상 자 치 세 인

之國、
지 국

隨意畀人、
수 의 비 인

단 4:26

旣命留樹之根、
기 명 류 수 지 근

乃謂迨爾知天操其
내 위 태 이 지 천 조 기

權、
권

則爾國復歸於爾、
칙 이 국 복 귀 어 이

단 4:27

王歟、
왕 여

請納我諫、
청 납 아 간

去過而行義、
거 과 이 행 의

絕惡而恤困、
절 악 이 휼 곤

庶可延長綏安、
서 가 연 장 수 안

단 4:28

凡此皆應於尼布甲尼
범 차 개 응 어 니 포 갑 니

撒王、
살 왕

단 4:29

越十二月、
월 십 이 월

王遊於巴比倫王宮、
왕 유 어 파 비 륜 왕 궁

단 4:30

曰、
왈

此非大巴比倫、
차 비 대 파 비 륜

我以大能大力建爲王
아 이 대 능 대 력 건 위 왕

都、
도

彰我威榮乎、
창 아 위 영 호

단 4:31

言未竟、
언 미 경

自天有聲曰、
자 천 유 성 왈

尼布甲尼撒王歟、
니 포 갑 니 살 왕 여

有言告爾、
유 언 고 이

國位已離爾矣、
국 위 이 리 이 의

단 4:32

爾將被逐、
이 장 피 축

離乎人羣、
리 호 인 군

與野獸同居、
여 야 수 동 거

囓草如牛、
설 초 여 우

歷至七期、
력 지 칠 기

迨爾知至上者治世人
태 이 지 지 상 자 치 세 인

之國、
지 국

隨意畀人、
수 의 비 인

단 4:33

斯言卽時驗於尼布甲
사 언 즉 시 험 어 니 포 갑

尼撒、
니 살

被逐離乎人羣、
피 축 리 호 인 군

囓草如牛、
설 초 여 우

身爲天露所濡、
신 위 천 로 소 유

迨及髮長若鷹毛、
태 급 발 장 약 응 모

甲長若鳥爪、
갑 장 약 조 조

단 4:34

厥期旣盡、
궐 기 기 진

我尼布甲尼撒擧目望
아 니 포 갑 니 살 거 목 망

天、
천

靈性遂復、
령 성 수 복

乃稱謝至上者、
내 칭 사 지 상 자

頌美尊崇永生者、
송 미 존 숭 영 생 자

其權永存、
기 권 영 존

其國歷世弗替、
기 국 력 세 불 체

단 4:35

地上居民、
지 상 거 민

悉若無有、
실 약 무 유

彼於天上軍旅、
피 어 천 상 군 려

地上億兆、
지 상 억 조

隨意而行、
수 의 이 행

無能阻其手、
무 능 조 기 수

或詰之曰、
혹 힐 지 왈

爾何爲者、
이 하 위 자

단 4:36

是時我靈性已復、
시 시 아 령 성 이 복

我仍得威嚴光輝、
아 잉 득 위 엄 광 휘

致國獲榮、
치 국 획 영

我之議士大臣、
아 지 의 사 대 신

再朝覲我、
재 조 근 아

我復堅立於國位、
아 복 견 립 어 국 위

威勢增益於我躬、
위 세 증 익 어 아 궁

단 4:37

今我尼布甲尼撒、
금 아 니 포 갑 니 살

頌美稱揚尊崇天上之
송 미 칭 양 존 숭 천 상 지

王、
왕

其所行者、
기 소 행 자

悉爲眞實、
실 위 진 실

其道公義、
기 도 공 의

惟驕泰而行者、
유 교 태 이 행 자

則降而卑之、
칙 강 이 비 지

但以理書 第五章
단 이 리 서 제 오 장

단 5:1

伯沙撒王爲其大臣千人、
백 사 살 왕 위 기 대 신 천 인

設具盛筵、
설 구 성 연

對之飮酒、
대 지 음 주

단 5:2

伯沙撒暢飮之際、
백 사 살 창 음 지 제

命取其父尼布甲尼撒
명취기부니포갑니살

自耶路撒冷殿中、
자야로살랭전중

所取之金銀器皿、
소취지금은기명

王及大臣后妃、
왕급대신후비

以之而飮、
이지이음

단 5:3

遂取自耶路撒冷祆上
수취자야로살랭천상

帝殿中、
제전중

所取之金器至、
소취지금기지

王及大臣后妃、
왕급대신후비

以之而飮、
이지이음

단 5:4

彼衆飮酒、
피중음주

頌讚金銀銅鐵木石之
송찬금은동철목석지

神、
신

단 5:5

維時、
유시

有人手之指顯見、
유인수지지현견

書文於王宮粉壁、
서문어왕궁분벽

燈臺相對之處、
등대상대지처

王見書文之手、
왕견서문지수

단 5:6

王變乎色、
왕변호색

中心煩擾、
중심번요

腰骨脫節、
요골탈절

兩膝相觸、
량슬상촉

단 5:7

乃大聲而呼、
내 대 성 이 호

命召術士、
명 소 술 사

迦勒底人、
가 륵 저 인

卜筮咸入、
복 서 함 입

王告巴比倫哲士曰、
왕 고 파 비 륜 철 사 왈

讀斯文爲我解之者、
독 사 문 위 아 해 지 자

必身衣絳袍、
필 신 의 강 포

項垂金索、
항 수 금 색

治國職居其三、
치 국 직 거 기 삼

단 5:8

王之哲士咸入、
왕 지 철 사 함 입

而莫能讀其文、
이 막 능 독 기 문

爲王解之、
위 왕 해 지

단 5:9

伯沙撒王憂甚而色
백 사 살 왕 우 심 이 색

變、
변

大臣猶豫、
대 신 유 예

단 5:10

太后因王與大臣所
태 후 인 왕 여 대 신 소

言、
언

乃入宴室曰、
내 입 연 실 왈

願王萬歲、
원 왕 만 세

勿中懷煩擾、
물 중 회 번 요

而變乎色、
이 변 호 색

단 5:11

爾國中有一人焉、
이 국 중 유 일 인 언

聖神之靈寓於其中、
성 신 지 령 우 어 기 중

爾父之時、
이 부 지 시

見其通明、
견 기 통 명

聰睿、
총 예

智慧、
지 혜

若神之智、
약 신 지 지

爾父尼布甲尼撒王、
이 부 니 포 갑 니 살 왕

立之爲巫人術士、
립 지 위 무 인 술 사

迦勒底人、
가 륵 저 인

卜筮之長、
복 서 지 장

단 5:12

其名但以理、
기 명 단 이 리

王稱之爲伯提沙撒、
왕 칭 지 위 백 제 사 살

心性佳妙、
심 성 가 묘

有智慧聰睿、
유 지 혜 총 예

且能解夢兆、
차 능 해 몽 조

明隱語、
명 은 어

釋祕奧、
석 비 오

今召之至、
금 소 지 지

彼必解之、○
피 필 해 지

단5:13

但以理被引詣王、
단 이 리 피 인 예 왕

王謂之曰、
왕 위 지 왈

昔我王父自猶大所虜
석 아 왕 부 자 유 대 소 로

之猶大俘囚、
지 유 대 부 수

爾卽其中之但以理
이 즉 기 중 지 단 이 리

乎、
호

단5:14

我聞神明之靈寓於爾
아 문 신 명 지 령 우 어 이

中、
중

具有通明聰睿、
구 유 통 명 총 예

美妙之智慧、
미 묘 지 지 혜

단5:15

今諸哲士術士、
금 제 철 사 술 사

引至我前、
인 지 아 전

使讀斯文、
사 독 사 문

爲我解之、
위 아 해 지

而不能解、
이 불 능 해

단5:16

我聞爾善解、
아 문 이 선 해

而釋祕奧、
이 석 비 오

爾果能讀斯文、
이 과 능 독 사 문

爲我解之、
위 아 해 지

必身衣絳袍、
필 신 의 강 포

項垂金索、
항 수 금 색

治國職居其三、
치 국 직 거 기 삼

단 5:17

但以理對曰、
단 이 리 대 왈

爾饋可反於己、
이 궤 가 반 어 기

爾賚可錫他人、
이 뢰 가 석 타 인

雖然、
수 연

我必爲王讀斯文而解
아 필 위 왕 독 사 문 이 해

之、
지

단 5:18

王歟、
왕 여

至上祆上帝以國位大
지 상 천 상 제 이 국 위 대

權、
권

尊榮威嚴、
존 영 위 엄

錫爾父尼布甲尼撒、
석 이 부 니 포 갑 니 살

단 5:19

因祆上帝所賜之大
인 천 상 제 소 사 지 대

權、
권

諸民諸國、
제 민 제 국

諸方言者、
제 방 언 자

咸戰慄畏懼於其前、
함 전 률 외 구 어 기 전

生殺升降、
생 살 승 강

隨其所欲、
수 기 소 욕

단 5:20

惟其心驕傲、
유 기 심 교 오

其性剛愎、
기 성 강 퍅

泰然而行、
태 연 이 행

乃黜其王位、
내 출 기 왕 위

奪其尊榮、
탈 기 존 영

단 5:21

被逐離乎人羣、
피 축 리 호 인 군

心變如獸、
심 변 여 수

與野驢同居、
여 야 려 동 거

囓草如牛、
설 초 여 우

身爲天露所濡、
신 위 천 로 소 유

迨知至上祅上帝治世
태 지 지 상 천 상 제 치 세

人之國、
인 지 국

隨 意 立 人 主 之、
수 의 립 인 주 지

단 5:22

伯 沙 撒 歟、
백 사 살 여

爾 乃 其 子、
이 내 기 자

雖 知 此 事、
수 지 차 사

而 心 不 自 卑、
이 심 불 자 비

단 5:23

惟 自 高 而 抗 天 上 之
유 자 고 이 항 천 상 지

主、
주

取 其 室 中 之 器、
취 기 실 중 지 기

至 於 爾 前、
지 어 이 전

爾 與 大 臣 后 妃、
이 여 대 신 후 비

用 以 飲 酒、
용 이 음 주

頌美金銀銅鐵木石之
송 미 금 은 동 철 목 석 지

神、
신

卽無見無聞無知者、
즉 무 견 무 문 무 지 자

至於掌爾氣息、
지 어 장 이 기 식

定爾道途之祆上帝、
정 이 도 도 지 천 상 제

則不尊榮之、
칙 불 존 영 지

단 5:24

故祆上帝使手出於其
고 천 상 제 사 수 출 어 기

前、
전

而書此文、
이 서 차 문

단 5:25

其文曰、
기 문 왈

彌尼、
미 니

彌尼、
미 니

提客勒、
제 객 륵

烏法珥新、
오 법 이 신

단 5:26

其解曰、
기 해 왈

彌尼者、
미 니 자

祆上帝數爾國祚、
천 상 제 수 이 국 조

使之永終也、
시 지 영 종 야

단 5:27

提客勒者、
제 객 륵 자

爾衡於權、
이 형 어 권

而見虧缺也、
이 견 휴 결 야

단 5:28

毘勒斯者、
비 륵 사 자

爾國分裂、
이 국 분 렬

畀於瑪代波斯人也、
비 어 마 대 파 사 인 야

단 5:29

伯沙撒遂命以絳袍衣
백 사 살 수 명 이 강 포 의

但以理、
단 이 리

以金索垂其項、
이 금 색 수 기 항

頒詔使之治國、
반 조 사 지 치 국

職居其三、
직 거 기 삼

단 5:30

是夕迦勒底王伯沙撒
시 석 가 륵 저 왕 백 사 살

見殺、
견 살

단 5:31

瑪代人大利烏得其
마 대 인 대 리 오 득 기

國、
국

時年六十有二、
시 년 육 십 유 이

但以理書 第六章
단 이 리 서 제 륙 장

단 6:1
大利烏悅立方伯百二
대 리 오 열 립 방 백 백 이
十人、
십 인
分治全國、
분 치 전 국

단 6:2
更立宰輔三人、
경 립 재 보 삼 인
但以理居其一、
단 이 리 거 기 일
俾方伯述職於其前、
비 방 백 술 직 어 기 전
免王受損、
면 왕 수 손

단 6:3
但以理心性佳妙、
단 이 리 심 성 가 묘
愈於其他宰輔、
유 어 기 타 재 보

及諸方伯、
급 제 방 백

王欲立之治理全國、
왕 욕 립 지 치 리 전 국

단 6:4

宰輔方伯、
재 보 방 백

索但以理政事之失以
색 단 이 리 정 사 지 실 이

訟之、
송 지

惟但以理忠誠、
유 단 이 리 충 성

無錯無謬、
무 착 무 류

無隙可乘、
무 극 가 승

단 6:5

其人相語曰、
기 인 상 어 왈

除但以理遵其祆上帝
제 단 이 리 준 기 천 상 제

之法而外、
지 법 이 외

我儕不得其隙以訟
아 제 불 득 기 극 이 송
之、
지

단 6:6

宰輔方伯咸集、
재 보 방 백 함 집
詣王奏曰、
예 왕 주 왈
願大利烏王萬歲、
원 대 리 오 왕 만 세

단 6:7

國之宰輔、
국 지 재 보
督臣方伯、
독 신 방 백
議士牧伯會議、
의 사 목 백 회 의
請降詔諭、
청 강 조 유
立一禁令、
립 일 금 령
三旬之內、
삼 순 지 내

惟王是求、
유 왕 시 구

此外、
차 외

凡求神與人者、
범 구 신 여 인 자

必投之獅洞、
필 투 지 사 동

단 6:8

請王立此禁令、
청 왕 립 차 금 령

簽押其文、
첨 압 기 문

俾不得改、
비 불 득 개

循瑪代波斯人之例、
순 마 대 파 사 인 지 례

不可更易、
불 가 경 역

단 6:9

王乃簽押、
왕 내 첨 압

立此禁令、
립 차 금 령

단 6:10

但以理知王簽押此
단 이 리 지 왕 첨 압 차

文、
문

則歸其家、
칙 귀 기 가

其室之牖、
기 실 지 유

啟向耶路撒冷、
계 향 야 로 살 랭

屈膝而跪、
굴 슬 이 궤

日凡三次、
일 범 상 차

禱告稱謝其祆上帝、
도 고 칭 사 기 천 상 제

同於往日、
동 어 왕 일

단6:11

彼衆會集、
피 중 회 집

見但以理禱告祈求於
견 단 이 리 도 고 기 구 어

其祆上帝前、
기 천 상 제 전

단 6:12

遂詣王、
수 예 왕

論其禁令曰、
론 기 금 령 왈

王歟、
왕 여

爾非簽押禁令、
이 비 첨 압 금 령

三旬之內、
삼 순 지 내

惟王是求、
유 왕 시 구

此外、
차 외

凡求神與人者、
범 구 신 여 인 자

必投之獅洞乎、
필 투 지 사 동 호

王曰、
왕 왈

誠有其事、
성 유 기 사

循瑪代波斯人之例、
순 마 대 파 사 인 지 례

不可更易、
불 가 경 역

단 6:13

衆對王曰、
중 대 왕 왈

王歟、
왕 여

猶大俘囚中之但以
유 대 부 수 중 지 단 이

理、
리

不尊重爾、
불 손 중 이

不遵爾所簽押之禁
불 준 이 소 첨 압 지 금

令、
령

每日祈禱三次、
매 일 기 도 삼 차

단 6:14

王聞此言、
왕 문 차 언

憂甚、
우 심

決志救但以理、
결 지 구 단 이 리

苦籌至於日沒、
고 주 지 어 일 몰

단 6:15

彼衆會集、
피 중 회 집

詣王奏曰、
예 왕 주 왈

王歟、
왕 여

當知瑪代波斯人之
당 지 마 대 파 사 인 지

例、
례

凡王所立之禁令典
범 왕 소 립 지 금 령 전

章、
장

不可更易、
불 가 경 역

단 6:16

王乃出命、
왕 내 출 명

則攜但以理至、
칙 휴 단 이 리 지

投於獅洞、
투 어 사 동

王謂但以理曰、
왕 위 단 이 리 왈

爾所恆事之天上帝必
이 소 긍 사 지 천 상 제 필

救爾、
구 이

단 6:17

遂移石於洞口、
수 이 석 어 동 구

王封以己璽、
왕 봉 이 기 새

又鈐以大臣之章、
우 검 이 대 신 지 장

使處但以理之旨、
사 처 단 이 리 지 지

不得更易、
불 득 경 역

단 6:18

王乃返宮、
왕 내 반 궁

終 夜 禁 食、
종 야 금 식

徹 樂 於 其 前、
철 악 어 기 전

亦 不 成 寐、
역 불 성 매

단 6:19

翌 日 夙 興、
익 일 숙 흥

急 往 獅 洞、
급 왕 사 동

단 6:20

旣 近 於 洞、
기 근 어 동

哀 聲 呼 但 以 理 曰、
애 성 호 단 이 리 왈

維 生 祆 上 帝 之 僕 但 以
유 생 천 상 제 지 복 단 이

理 歟、
리 여

爾 恆 事 之 祆 上 帝、
이 긍 사 지 천 상 제

能 救 爾 脫 於 獅 害 乎、
능 구 이 탈 어 사 해 호

단 6:21

但以理對曰、
단 이 리 대 왈

願王萬歲、
원 왕 만 세

단 6:22

我之祆上帝遣其使箝
아 지 천 상 제 견 기 사 겸

獅口俾不傷我、
사 구 비 불 상 아

以我於其前無罪、
이 아 어 기 전 무 죄

在王前亦未行不善
재 왕 전 역 미 행 불 선

也、
야

단 6:23

王喜甚、
왕 희 심

命取但以理出洞、
명 취 단 이 리 출 동

遂取之出、
수 취 지 출

其身毫無所傷、
기 신 호 무 소 상

因信賴其祆上帝也、
인 신 뢰 기 천 상 제 야

단 6:24

王命旣出、
왕 명 기 출

遂曳訟但以理之人、
수 예 송 단 이 리 지 인

及其妻孥、
급 기 처 노

投於獅洞、
투 어 사 동

未至洞底、
미 지 동 저

獅卽攫之、
사 즉 확 지

盡碎其骨、○
진 쇄 기 골

단 6:25

大利烏王詔天下諸民
대 리 오 왕 조 천 하 제 민

諸國、
제 국

諸方言者曰、
제 방 언 자 왈

願爾平康增益、
원 이 평 강 증 익

단 6:26

我今降詔、
아 금 강 조

諭我全國人民、
유 아 전 국 인 민

當於但以理之袄上帝
당 어 단 이 리 지 천 상 제

前、
전

戰慄畏懼、
전 률 외 구

彼乃維生永存之袄上
피 내 유 생 영 존 지 천 상

帝、
제

其國永不見滅、
기 국 영 불 견 멸

其權至於終極、
기 권 지 어 종 극

단 6:27

彼施拯救、
피 시 증 구

在天在地、
재천재지

行神蹟奇事、
행신적기사

今救但以理脫於獅
금구단이리탈어사

勢、
세

단 6:28

但以理於大利烏及波
단이리어대리오급파

斯人古列在位時、
사인고열재위시

俱得亨通、
구득형통

但以理書 第七章
단이리서 제칠장

단 7:1

巴比倫王伯沙撒元
파비륜왕백사살원

年、
년

但以理得夢、
단이리득몽

在牀見異象、
재상견이상

遂書其夢、
수서기몽

述其大畧、
술기대략

단 7:2

曰、
왈

我夜見異象、
아야견이상

天之四風驟起、
친지사풍취기

與大海相搏、
여대해상박

단 7:3

有四巨獸、
유사거수

自海而出、
자해이출

其狀各殊、
기상각수

단 7:4

其一若獅、
기일약사

有鷹之翼、
유 응 지 익

我視之、
아 시 지

見其翼被拔、
견 기 익 피 발

厥獸被擧而起、
궐 수 피 거 이 기

立以二足如人、
립 이 이 족 여 인

且得畀以人心、
차 득 비 이 인 심

단 7:5

其次之獸若熊、
기 차 지 수 약 웅

半身側立、
반 신 측 립

其口齒間、
기 구 치 간

啣三脅骨、
함 삼 협 골

有謂之曰、
유 위 지 왈

起、
기

呑噬多肉、
탄 서 다 육

단 7:6

厥後、
궐 후

又見一獸若豹、
우 견 일 수 약 표

背有四鳥翼、
배 유 사 조 익

獸亦有四首、
수 역 유 사 수

得賜以權、
득 사 이 권

단 7:7

此後於夜間異象中、
차 후 어 야 간 이 상 중

我見其四之獸、
아 견 기 사 지 수

可畏可懼、
가 외 가 구

極强有力、
극 강 유 력

亦有鐵牙甚巨、
역 유 철 아 심 거

吞噬碎裂、
탄 서 쇄 렬

足踐所餘、
족 천 소 여

與前諸獸逈異、
여 전 제 수 형 이

首有十角、
수 유 십 각

단 7:8

我思維其角時、
아 사 유 기 각 시

見一小角生於其中、
견 일 소 각 생 어 기 중

前角中之三角、
전 각 중 지 삼 각

爲小角所拔、
위 소 각 소 발

小角有目若人、
소 각 유 목 약 인

有口出言誇大、
유 구 출 언 과 대

단 7:9

我視之、
아 시 지

見有座設立、
견 유 좌 설 립

一年高者坐焉、
일 년 고 자 좌 언

衣皓如雪、
의 호 여 설

發潔若純粹之羊毛、
발 결 약 순 수 지 양 모

火炎其座、
화 염 기 좌

烈焰其輪、
렬 염 기 륜

단 7:10

火川出於其前、
화 천 출 어 기 전

服役者千千、
복 역 자 천 천

侍立者萬萬、
시 립 자 만 만

鞫事已備、
국 사 이 비

書卷悉展、
서 권 실 전

단 7:11

其時我因小角出言誇
기 시 아 인 소 각 출 언 과

大、
대

則注目而視、
칙 주 목 이 시

迨至其獸見殺、
태 지 기 수 견 살

其身被燬、
기 신 피 훼

爲火所焚、
위 화 소 분

단 7:12

所餘之獸、
소 여 지 수

其權被奪、
기 권 피 탈

惟延其生、
유 연 기 생

以待時期、
이 대 시 기

단 7:13

我於夜間異象中、
아 어 야 간 이 상 중

又見一人若人子者、
우 견 일 인 약 인 자 자

乘天雲而來、
승 천 운 이 래

詣年高者、
예 년 고 자

被引至於其前、
피 인 지 어 기 전

단 7:14

乃錫以權、
내 석 이 권

與榮與國、
여 영 여 국

使諸民諸國、
사 세 민 제 국

諸方言咸事之、
제 방 언 함 사 지

其權恆存弗替、
기 권 긍 존 불 체

其國永不見滅、○
기 국 영 불 견 멸

단 7:15

我但以理心憂於中、
아 단 이 리 심 우 어 중

所見之異象、
소 견 지 이 상

令我煩擾、
령 아 번 요

단 7:16

我乃就一侍者、
아 내 취 일 시 자

詢諸事之實、
순 제 사 지 실

彼以之告我、
피 이 지 고 아

爲我解其義曰、
위 아 해 기 의 왈

단 7:17

此四巨獸卽四王、
차 사 거 수 즉 사 왕

將出於世者、
장 출 어 세 자

단 7:18

惟至上者之聖民、
유 지 상 자 지 성 민

必承其國、
필 승 기 국

以爲己有、
이 위 기 유

永世靡暨、
영 세 미 기

단 7:19

我欲知第四獸之實、
아 욕 지 제 사 수 지 실

以其異於他獸、
이 기 이 어 타 수

甚可畏懼、
심 가 외 구

其牙爲鐵、
기 아 위 철

其爪爲銅、
기 소 위 동

呑噬碎裂、
탄 서 쇄 렬

足踐所餘、
족 천 소 여

단 7:20

又欲知其首之十角、
우 욕 지 기 수 지 십 각

及生於其中之一角、
급 생 어 기 중 지 일 각

使三角墜於其前者、
사 삼 각 추 어 기 전 자

是角有目、
시 각 유 목

有口出言誇大、
유 구 출 언 과 대

其狀大於他角、
기 상 대 어 타 각

단 7:21

我視之、
아 시 지

見斯角與聖民戰而獲
견 사 각 여 성 민 전 이 획

勝、
승

단 7:22

迨年高者至、
태 년 고 자 지

爲至上者之聖民伸
위 지 상 자 지 성 민 신

寃、
원

聖民得國之期已屆、
성 민 득 국 지 기 이 계

단 7:23

侍者曰、
시 자 왈

第四獸、
제 사 수

卽在世之第四國、
즉 재 세 지 제 사 국

異於諸國、
이 어 제 국

將吞噬天下、
장 탄 서 천 하

踐而碎之、
천 이 쇄 지

단 7:24

其十角卽十王、
기 십 각 즉 십 왕

將由此國而興、
장 유 차 국 이 흥

其後有一王起、
기 후 유 일 왕 기

異於前者、
이 어 전 자

將服三王、
장 복 삼 왕

단 7:25

彼出言逆至上者、
피 출 언 역 지 상 자

銷磨其聖民、
소 마 기 성 민

意欲改易節期法律、
의 욕 개 역 절 기 법 률

聖民將付於其手、
성 민 장 부 어 기 수

歷一載二載半載、
력 일 재 이 재 반 재

단 7:26

鞫事已備、
국 사 이 비

必奪其權、
필 탈 기 권

毁之滅之、
훼 지 멸 지

至於終極、
지 어 종 극

단 7:27

惟國與權、
유 국 여 권

及天下萬邦
급 천 하 만 방

之尊顯、
지 존 현

必咸畀於至
필 함 비 어 지

上者之聖民、
상 자 지 성 민

其國爲永久之國、
기 국 위 영 구 지 국

凡秉權者、
범 병 권 자

必服事順從之、
필 복 사 순 종 지

단 7:28

其言至此而竟、
기 언 지 자 이 경

我但以理中
아 단 이 리 중

懷煩擾、
회 번 요

容色改變、
용 색 개 변

惟存此事於心、
유 존 차 사 어 심

但以理書 第八章
단 이 리 서 제 팔 장

단 8:1

伯沙撒王三年、
백 사 살 왕 삼 년

我但以理於前
아 단 이 리 어 전

見異象後、
견 이 상 후

復見異象、
복 견 이 상

其時、
기 시

我恍若在以攔州、
아 황 약 재 이 란 주

書珊宮、
서 산 궁

我於異象中、
아 어 이 상 중

在烏萊河濱、
재 오 래 하 빈

단 8:3

我舉目而觀、
아 거 목 이 관

見牡綿羊一、
견 모 면 양 일

立於河濱、
립 어 하 빈

有 二 角、
유 이 각

二 角 俱 高、
이 각 구 고

此 高 於 彼、
차 고 어 피

高 者 後 出、
고 자 후 출

我 見 其 羊、
아 견 기 양

向 西 向 北 向
향 서 향 북 향

南 而 觸、
남 이 촉

凡 獸 莫 能 禦 之、
범 수 막 능 어 지

亦 莫 能 施 拯 救
역 막 능 시 증 구

於 其 手、
어 기 수

彼 乃 隨 意 而 行、
피 내 수 의 이 행

自 爲 強 大、
자 위 강 대

단 8:5

我 思 維 時、
아 사 유 시

見 牡 山 羊 一、
견 모 산 양 일

自 西 而 來、
자 서 이 래

遍 行 天 下、
편 행 천 하

足 不 履 地、
족 불 리 지

兩 目 間 有 一
량 목 간 유 일

卓 犖 之 角、
탁 락 지 각

단 8:6

詣 我 所 見
예 아 소 견

立 於 河 濱、
립 어 하 빈

二 角 之 牡 綿 羊、
이 각 지 모 면 양

奮 怒 疾 趨、
분 노 질 추

而 力 觸 之、
이 력 촉 지

단 8:7

我見其旣近、
아 견 기 기 근

盛怒而觸之、
성 노 이 촉 지

折其二角、
절 기 이 각

牡綿羊無力抵禦、
모 면 양 무 력 저 어

乃仆之於地、
내 부 지 어 지

而蹂躪之、
이 유 린 지

無能拯牡綿羊
무 능 증 모 면 양

而脫之、
이 탈 지

단 8:8

牡山羊自大特甚、
모 산 양 자 대 특 심

其強壯時、
기 강 장 시

巨角斷折、
거 각 단 절

有四卓犖
유 사 탁 락

之角代出、
지 각 대 출

向天四方、
향 천 사 방

단8:9

其一又生小角、
기 일 우 생 소 각

漸成極大、
점 성 극 대

向南向東、
향 남 향 동

亦向榮美之地、
역 향 영 미 지 지

단8:10

漸卽高大、
점 즉 고 대

及於天象、
급 어 천 상

天象星宿、
천 상 성 숙

有被擲於地者、
유 피 척 어 지 자

加以蹂躪、
가 이 유 린

단 8:11

彼乃自大、
피 내 자 대

而敵天象之君、
이 적 천 상 지 군

去其日獻之祭、
거 기 일 헌 지 제

傾其聖所、
경 기 성 소

단 8:12

因討罪而得軍、
인 토 죄 이 득 군

以敵日獻之祭、
이 적 일 헌 지 제

委棄眞理於地、
위 기 진 리 어 지

隨意而行、
수 의 이 행

無不利達、
무 불 리 달

단 8:13

我聞一聖者宣言、
아 문 일 성 자 선 언

又有一聖
우 유 일 성

者詢之曰、
자 순 지 왈

異象所示、
이 상 소 시

論去日獻之祭、
론 거 일 헌 지 제

與行毁滅之罪、
여 행 훼 멸 지 죄

且付聖所與軍旅、
차 부 성 소 여 군 려

而受足踐、
이 수 족 천

其事延至何時、
기 사 연 지 하 시

단8:14

對曰、
대 왈

迨至二千三百晝夜、
태 지 이 천 삼 백 주 야

聖所乃得潔淸、○
성 소 내 득 결 청

단8:15

我但以理既睹此異
아 단 이 리 기 도 차 이

象、
상

慾明其義、
욕 명 기 의

見有一立於我前者、
견 유 일 립 어 아 전 자

其貌若人、
기 모 약 인

단8:16

亦聞烏萊河兩岸之
역 문 오 래 하 량 안 지

間、
간

有人聲呼曰、
유 인 성 호 왈

加百列歟、
가 백 열 여

其使斯人知此異象、
기 사 사 인 지 차 이 상

단8:17

彼遂近我所立之處、
피 수 근 아 소 립 지 처

旣至、
기 지

我則懼、
아 칙 구

面伏於地、
면 복 어 지

彼謂我曰、
피 위 아 왈

人子歟、
인 자 여

其知此異象、
기 지 차 이 상

因關乎末期也、
인 관 호 말 기 야

단 8:18

彼與我言時、
피 여 아 언 시

我乃沉睡、
아 내 침 수

面伏於地、
면 복 어 지

彼撫我、
피 무 아

使我起立、
사 아 기 립

단 8:19

曰、
왈

我以震怒末期、
아 이 진 노 말 기

所有之事示爾、
소 유 지 사 시 이

蓋此異象、
개 차 이 상

乃關末日之定期也、
내 관 말 일 지 정 기 야

단 8:20

爾所見二角之牡綿羊、
이 소 견 이 각 지 모 면 양

卽瑪代波斯二王、
즉 마 대 파 사 이 왕

단 8:21

牡山羊卽希臘王、
모 산 양 즉 희 랍 왕

其兩目間之巨角、
기 량 목 간 지 거 각

乃其元王、
내 기 원 왕

단 8:22

巨角斷折、
거 각 단 절

四角代出、
사 각 대 출

卽由其國、
즉 유 기 국

將有四國崛興、
장 유 사 국 굴 흥

惟權不及於彼、
유 권 불 급 어 피

단 8:23

四國末期、
사 국 말 기

悖逆之人、
패 역 지 인

罪惡貫盈、
죄 악 관 영

有一王興、
유 일 왕 흥

其貌猛厲、
기 모 맹 려

能明秘奧、
능 명 비 오

단 8:24

將執大權、
장 집 대 권

非由己力、
비 유 기 력

彼必施行毀滅、
피 필 시 행 훼 멸

異於尋常、
이 어 심 상

隨意而行、
수 의 이 행

無不利達、
무 불 리 달

毀滅有能者、
훼 멸 유 능 자

爰及聖民、
원 급 성 민

단 8:25

彼用權術、
피 용 권 술

成其詭譎、
성 기 궤 휼

中心自大、
중 심 자 대

乘民安居、
승 민 안 거

多行殲滅、
다 행 섬 멸

且起而抗逆
차 기 이 항 역

萬君之君、
만 군 지 군

然終必見折、
연 종 필 견 절

非由人手、
비 유 인 수

단 8:26

所示爾晝夜日
소 시 이 주 야 일

數之異象乃眞、
수 지 이 상 내 진

惟當封之、
유 당 봉 지

蓋關乎多
개 관 호 다

日之後也、
일 지 후 야

단 8:27

我但以理昏迷、
아 단 이 리 혼 미

疾病數日、
질 병 수 일

後乃起理王事、
후 내 기 리 왕 사

我駭詫此異象、
아 해 타 차 이 상

無人明其意焉、
무 인 명 기 의 언

終

板權誌

❀ 聖經筆寫 (第九券 ㊤)

❀ 초판 1 쇄 2017년 08 월 21 일

❀ 聖經筆寫協會 : 編纂委員

❀ 著 : 柳賢授

❀ 펴낸이 : 도서출판 保惠

❀ 출판 등록 제2014-000001 호 (2014.01.03.)

❀ 주소 : 천안시 서북구 하리1길 39

❀ 전화 : 010-2239-0675

❀ ISBN : 979-11-87802-33-4

셋트 ISBN: 979-11-87802-13-6 (전2권)